Kryptowährungen

Daytrading und Investieren

Erfolgreich handeln, investieren und profitieren mit Bitcoin, Ethereum & Co. für Einsteiger

Thomas Dahlmann

Urheber: Thomas Dahlmann
1. Auflage, 01.03.2018
ISBN-13: 978-1986113137
ISBN-10: 1986113132
Thomas Dahlmann
Inselstraße 12
23999 Insel Poel / OT Malchow
Email: td@ccinvestor.de
Umschlaggestaltung: Thomas Dahlmann

„Es gibt tausend Möglichkeiten
sein Geld auszugeben, aber
nur zwei, Geld zu verdienen,
entweder wir arbeiten für Geld
oder Geld arbeitet für uns."

BERNARD BARUCH

Inhalt

Vorwort

Das Thema Kryptowährung hat wie wohl kein anderes Thema seit der Finanzkrise von 2008 in der Finanzwelt für Aufsehen gesorgt. Die einen sehen es als Bedrohung, andere als reine Spekulation und wieder andere als Wegbereiter für die dezentrale Revolutionierung des Geldes.

Kryptowährungen sind jedoch auch ein beliebtes Anlagemodell – sei es für kurzfristiges Daytrading oder als langfristige Investition. Die bekannteste Kryptowährung, der Bitcoin, hat in weniger als 10 Jahren über 30.000 Prozent Rendite erzielt. Einige Kryptowährungen schwanken um mehrere hundert Prozent innerhalb eines Tages. Andere eignen sich aufgrund geringerer Schwankungen auch für risikoärmere Investments. Ein bisher weitestgehend unregulierter Markt mit bisher ungeahntem Potential.

Dieses Buch behandelt die wichtigsten Grundlagen von Kryptowährungen und wie Sie diese erfolgreich handeln und innerhalb kürzester Zeit Renditen erzielen können, die am „normalen" Finanzmarkt nur sehr selten möglich sind. Dazu werden Ihnen verschiedene erprobte Strategien für das Daytrading und die Investition vorgestellt, mit denen Sie kurzfristig, längerfristig, aktiv oder passiv handeln können. Im Idealfall kombinieren Sie auch mehrere der vorgestellten Strategien, um das Risiko bei möglichst hoher Rendite zu minimieren.

Daytrading (engl. für Tageshandel) ist der kurzfristige Handel mit Kryptowährungen, bei dem Sie von Schwankungen innerhalb weniger Minuten, Stunden oder Tage profitieren.

Investieren bezieht sich auf längere Haltefristen von mehreren Tagen, Wochen, Monaten oder Jahren.

Beides sind unterschiedliche Handelsstile und dieses Buch wird beide Seiten betrachten, um einen möglichst vollständigen Überblick über die Möglichkeiten zu bieten, wie Sie von Kryptowährungen profitieren können.

Da sich die Hinweise, Analysen und Strategien je nach Handelszeitraum unterscheiden, sind entsprechende Stellen im Buch mit dem jeweiligen Handelszeitraum angegeben. Kurzfristig bedeutet von wenigen Minuten bis zu wenigen Tagen. Mittelfristig bedeutet wenige Tage bis Wochen und langfristig meint mehrere Monate oder Jahre.

Sie werden einsteigerfreundlich von den Grundlagen über die Kursanalyse bis hin zur ersten Investition oder Ihrem ersten Trade praktisch begleitet. Vorwissen ist keines erforderlich.

Außer dem Fachwissen spielt gerade beim Handel mit Geld auch die psychische Verfassung eine wichtige Rolle. Deshalb wird auf diese speziellen Herausforderungen wie Umgang mit Gier, Verlusten, Ängsten und andere psychologische Aspekte ebenfalls eingegangen. Die politischen, philosophischen und technischen Aspekte der Kryptowährungen werden indes nur insoweit behandelt, wie sie für das erfolgreiche Trading wichtig sind.

Viele der Beispiele im Buch beziehen sich auf den Bitcoin, da dieser die bekannteste Kryptowährung mit der derzeit höchsten Marktkapitalisierung ist. Die Inhalte gelten jedoch auch für die Alternativen wie Ethereum, Ripple, Litecoin, Dash, Cardano, IOTA etc.

Zusatzinhalte und Aktualisierungen zum Buch auf der Webseite

Das Thema Kryptowährungen verändert sich sehr schnell. Die vorgestellten Strategien sind langfristig gültig, aber einzelne vorgestellte Webseiten, Kryptowährungen oder Anbieter können sich ändern. Damit Sie stets aktuell informiert sind, können Sie sich auf der Webseite zum Buch umsehen und in den Newsletter eintragen. Zusätzlich erhalten Sie dort weitere Zusatzinhalte zum Buch, anschauliche Videos und Informationen zu Entwicklungen im Bereich Kryptowährungen.

https://ccinvestor.de

1

Einführung in das Thema Kryptowährungen

Die gute Nachricht vorweg: Sie müssen weder Programmierer noch Technik-Experte sein, um erfolgreich mit Kryptowährungen zu handeln. Dieses Kapitel gibt Ihnen deshalb nur eine sehr kompakte Einführung in das Thema ohne die technischen Hintergründe.

1.1 Was ist eine Kryptowährung?

Eine Kryptowährung ist eine Form von digitalem Geld, welches bis auf wenige Ausnahmen auf der Blockchain-Technologie basiert.

Bereits heute gibt es neben dem weitverbreiteten Bargeld auch sogenanntes Buchgeld (Giralgeld), welches ebenfalls rein digital ist. Dieses wird zur bargeldlosen Zahlung von Konto zu Konto genutzt. Wenn Sie beispielsweise 1.000 Euro von einem Ihrer Girokonten auf ein anderes überweisen, erfolgt diese Transaktion rein digital in den Büchern der Banken. Dieses Buchgeld stellt jedoch eine Forderung auf Bargeld dar. Sie können sich also zu einem späteren Zeitpunkt von diesem anderen Girokonto die 1.000 Euro in

Bargeld auszahlen lassen. Buchgeld kommt überall zum Einsatz, wo bargeldlos in Form von Kreditkarten, Schecks, Überweisungen usw. bezahlt wird. Trotz seiner weiten Verbreitung ist Buchgeld jedoch kein gesetzliches Zahlungsmittel. Es wird geschaffen, indem Bargeld auf ein Bankkonto eingezahlt wird oder aber ein Kredit gewährt wird.

Kryptowährungen sind im Prinzip eine Form des Buchgeldes, bei dem jedoch keine Banken mehr notwendig sind. Sie können dezentral von jedem mit Hilfe kryptografischer Rechenprozesse erzeugt werden. Genau wie das Buchgeld stellen sie eine Forderung auf Bargeld dar, sind jedoch derzeit in Deutschland kein gesetzliches Zahlungsmittel.

Bei Kryptowährungen wird zwischen der ersten großen Kryptowährung, dem Bitcoin, und allen anderen, den sogenannten Alternative Coins, kurz Altcoins, unterschieden. Auf coinmarketcap.com finden Sie eine umfassende Übersicht über die wichtigsten Kryptowährungen mit ihrer Marktkapitalisierung und eine Übersicht, wo diese gekauft werden können. Es gibt derzeit bereits weit über 1.500 verschiedene Altcoins und fast täglich kommen neue hinzu.

Kryptowährungen werden in Token unterteilt, oft auch Coins oder digitale Münzen genannt, die je nach Währung noch weiter geteilt werden können. Ein Bitcoin beispielsweise kann in 100 Millionen Teile geteilt werden. Dieser hundertmillionste Teil eines Bitcoins wird nach dem Pseudonym seines Erfinders Satoshi genannt. Also genauso wie ein Euro in 100 Cent geteilt wird, wird eine Kryptowährung weiter unterteilt und kann auch in kleinsten Teilen gekauft werden.

Genau genommen unterscheiden sich die Begriffe Coins und Token, die häufig synonym verwendet werden. Coins sind das Zahlungsmittel und Token sind mit Anteilen an dem jeweiligen Projekt vergleichbar und können weitere Rechte beinhalten. Für den Investor ist diese Unterscheidung jedoch nicht weiter wichtig.

Ihren Namen verdanken die Kryptowährungen den kryptografischen Algorithmen, welche die Grundlage bilden. Kryptografie bezeichnete ursprünglich die Wissenschaft von der Verschlüsselung von Informationen. Es ging vor allem darum, Daten möglichst geheimzuhalten.

Heutzutage umfasst Kryptografie weitere Bereiche. Bei Kryptowährungen kommen auch Verfahren zum Einsatz, die die Daten nicht geheimhalten, sondern manipulationssicher machen. Früher gab es dafür ein Siegel auf dem Brief. Wenn dieses gebrochen war, waren die Informationen im Brief nicht mehr geheim oder vielleicht auch verändert worden. Von daher konnte so ein Siegel nur bedingt schützen.

Moderne Kryptografie bietet ähnliche Verfahren, bei denen Informationen versiegelt und vor Veränderung geschützt werden. So können beispielsweise Transaktionen von Kryptowährungen abgesichert werden. Die Inhalte sind nicht geheim, aber mit einem speziellen kryptografischen Siegel unterzeichnet. Dieses sorgt dafür, dass niemand Kryptowährungen manipulieren oder doppelt ausgeben kann. Dahinter stecken komplizierte mathematische Berechnungen, die sehr rechenintensiv sind und deren Details auch weit über das Buch hinausgehen würden. Das Gute ist, dass Sie als Daytrader oder Investor mit all diesen Funktionsweisen nicht weiter in Berührung kommen.

1.2 Wie entsteht eine Kryptowährung?

Kryptowährungen werden erstellt, indem eine Art Vertrag programmiert wird, der die Verteilung und Möglichkeiten der neuen Kryptowährung definiert. In diesem Vertrag wird ebenfalls definiert, wie viele Einheiten der Kryptowährung es gibt und wie diese geteilt werden können. Es können zudem weitere Funktionen hinzugefügt oder beliebige andere Regeln in diesen Vertrag einprogrammiert werden. Das Modell von Aktien mit Beteiligung, Rendite und

Mitbestimmung lässt sich beispielsweise auch komplett mit einer Kryptowährung umsetzen.

Sowohl Privatpersonen als auch Firmen haben bereits Kryptowährungen gegründet. In letzter Zeit werden es immer mehr Altcoins, nicht zuletzt, da diese für Startups eine interessante Möglichkeit bieten, Gelder für neue Ideen einzusammeln.

Es gibt im Wesentlichen drei Arten, wie Kryptowährungen erstellt und geteilt werden können:

1. Kryptowährungen können durch Mining entstehen: Dazu stellen die Teilnehmer die Rechenleistung ihrer Computer zur Verfügung und erhalten als Belohnung neue Einheiten der Kryptowährung. Bitcoin ist ein Beispiel für diese Variante.

2. Kryptowährungen können vorberechnet werden: Dabei werden bei der Erstellung alle Einheiten der Kryptowährung vorberechnet und in einem Algorithmus wird hinterlegt, wie diese später verteilt werden. Ein Beispiel für diese Variante ist die Kryptowährung Ripple.

3. Hybrid Varianten: Bei diesen Varianten ist ein Teil der Kryptowährungen vorberechnet und der Rest wird durch Mining erzeugt. Ethereum ist ein Beispiel für so eine gemischte Variante.

1.3 Wie entsteht der Wert einer Kryptowährung?

Der Wert einer Kryptowährung entsteht wie bei fast jedem anderen Zahlungsmittel einzig und allein dadurch, dass Menschen an den Wert glauben. Hinter staatlichem Geld stehen Banken, Länder, Regierungen oder Staatenbündnisse wie die Europäische

Währungsunion. Diese erzeugen ein gewisses Vertrauen in Zahlungsmittel wie den Euro.

Spätestens mit der Finanzkrise von 2008 und der Pleite einiger Banken hat dieses Vertrauen jedoch deutlich nachgelassen. Dies war vermutlich auch einer der Auslöser, warum 2009 das Konzept des Bitcoins und digitaler Währungen bekannt wurde. Weder Buchgeld noch Bargeld haben zwangsläufig einen realen Gegenwert. Es ist lediglich eine Übereinkunft, dass wir an dessen Wert glauben.

Ähnlich ist es bei den Kryptowährungen. Millionen von Menschen und Institutionen weltweit sind übereingekommen, an den Wert der Kryptowährungen zu glauben. Der Wert (Kurs) der jeweiligen Währung ergibt sich dann aus den marktüblichen Prozessen von Angebot und Nachfrage. Dass die Bitcoins keinen realen Gegenwert haben, ist eines der häufigsten Gegenargumente, die gegen Kryptowährungen angeführt werden. Aber welchen realen Gegenwert hat denn ein 50-Euro-Schein in der Tasche? Welchen realen Gegenwert hat ein Gemälde von Picasso? Die Antwort ist einfacher als erwartet: Immer genau den Wert, den jemand bereit ist, dafür zu geben.

Wenn Ihnen jemand 1.000 Euro für einen Bitcoin gibt, dann ist dieser 1.000 Euro wert, und wenn Ihnen jemand 100.000 Euro für einen Bitcoin gibt, dann ist dieser 100.000 Euro wert. Mit der weiteren Verbreitung von Kryptowährungen und der dahinterstehenden Technologie wird der Wert einiger dieser Kryptowährungen auch in den nächsten Jahren noch um ein Vielfaches steigen.

Kryptowährungen sind häufig auch viel mehr als nur reine Währungen oder Zahlungsmittel. Viele stellen Anteile und Rechte an technologischen Projekten und Firmen dar und sind eher mit Aktien vergleichbar, insbesondere weil es bei einigen auch feste Dividenden analog zu Aktien gibt. Der Wert dieser Kryptowährungen ergibt sich also auch aus den dahinterstehenden Firmen und Projekten.

1.4 Die Beziehungen der Kryptowährungen untereinander

Die einzelnen Kryptowährungen können nicht losgelöst voneinander betrachtet werden. Grundsätzlich gibt es die Tendenz, dass, wenn die großen Kryptowährungen fallen, alle kleineren Kryptowährungen auch fallen. Der Gesamtmarkt bewegt sich also bis auf einige Ausnahmen meist in die gleiche Richtung, solange keine besonderen Nachrichten sich auf den jeweiligen Kurs einer einzelnen Kryptowährung auswirken. Insbesondere der Bitcoin hat aufgrund der hohen Marktkapitalisierung und Bekanntheit eine sehr große Auswirkung auf den Gesamtmarkt. Deshalb sollten Sie später bei Ihren Analysen auch immer den Bitcoin-Kurs im Auge behalten.

1.5 Besondere Risiken bei Kryptowährungen

Viele fragen sich, wie riskant Investitionen in Kryptowährungen sind. Risiko und Rendite hängen immer zusammen und die besonders hohen Renditen von Kryptowährungen gehen auch mit entsprechenden Risiken einher, von denen nachfolgend einige der wichtigsten genannt werden.

1.5.1 Hohe Schwankungen

Kryptowährungen sind sehr volatil, das bedeutet, dass die Schwankungen sehr hoch sind. Der Bitcoin ist innerhalb eines Monats schon einmal um 10-40 % im Wert gefallen bzw. gestiegen, teilweise gab es derartige Kursschwankungen innerhalb eines einzigen Tages. Andere kleinere Kryptowährungen sind da oft noch viel bemerkenswerter und steigen um mehrere tausend Prozent und fallen aber auch wieder genau so schnell. Aktien oder andere Finanzprodukte haben auch gewisse Schwankungen, jedoch sind Schwankungen im Bereich der Kryptowährungen außergewöhnlich hoch. Dies hat nicht nur Nachteile, da Sie als Daytrader zum Beispiel auch von fallenden Kursen profitieren können. Diese Schwankungen stellen jedoch immer ein besonderes Risiko dar, dessen Sie sich bewusst sein sollten.

1.5.2 Starker Wertverlust durch Verbot, Regulierungen oder kryptografische Probleme

Ein starker Wertverlust seiner Geldanlage ist natürlich eines der Schreckensszenarien für jeden Anleger. Verbot, Regulierungen oder kryptografische Probleme sind Risiken, die in diesem Zusammenhang immer wieder genannt werden.

Das Risiko eines kompletten staatlichen Verbotes ist derzeit insbesondere in den europäischen Staaten sehr unwahrscheinlich. Andere große Wirtschaftsnationen wie Japan haben Bitcoin sogar bereits als offizielles Zahlungsmittel anerkannt. Doch selbst wenn ein solches Verbot kommen sollte, ließe es sich derzeit technisch nicht ohne Weiteres durchsetzen, da die Blockchain weitestgehend dezentral organisiert ist. Außerdem haben weder Banken noch Staaten ein Interesse am Verbot. Eine komplett transparente Währung, in der alle Zahlungen in einer öffentlichen Blockchain nachvollziehbar sind, ist der Traum jedes Staates und Steuersystems. Staaten und Banken dürften deshalb lediglich Interesse daran haben, eigene regulierte Kryptowährungen herauszubringen.

Das Risiko von Regulierungen ist ebenfalls zu bedenken. Mögliche Regulierungen stellen ein Kursrisiko dar, völlig fehlende Regulierungen jedoch ebenfalls. Jeder kann eine eigene Kryptowährung herausbringen. Es gibt keine zuständige Finanzaufsichtsbehörde, keine verbindlichen Regeln für den Handel oder die Gebühren und keine zentrale Instanz, an die Sie sich im Falle von Verlusten oder Betrug wenden können. Das zieht natürlich auch viele Betrüger an, und die meisten dieser Kryptowährungen, die heute noch in höchsten Tönen sich selbst loben, werden in wenigen Jahren bedeutungslos sein.

Das Risiko, wenn die hinter der Blockchain stehende Kryptografie gebrochen wird oder bei der Programmierung schwerwiegende Fehler gemacht werden, wäre ebenfalls zu betrachten. Dieses Szenario, bei dem innerhalb kürzester Zeit ein großer Wertverfall wahrscheinlich ist, ist derzeit sehr unwahrscheinlich. Die Entwicklung von Quantencomputern wird mitunter als Bedrohung angesehen, wobei es wohl aber noch Jahre dauert, bis diese eingesetzt werden können. Zudem haben Kryptowährungen wie IOTA gegen kryptografische Angriffe durch Quantencomputer bereits vorgesorgt, indem sie spezielle Algorithmen verwenden, die einen Schutz bieten sollen. Auch Bitcoin, Ethereum und andere könnten für diesen Fall entsprechende Algorithmen implementieren und dadurch das Vertrauen in die Blockchain wieder herstellen.

1.5.3 Sicherheit

Die Dezentralität der Kryptowährungen wird häufig als großer Vorteil angeführt, birgt jedoch weitere besondere Risiken. Da Sie Ihr Geld häufig selbst aufbewahren, haften Sie auch allein im Verlustfall. Wenn jemand eine Bank überfallen würde oder ein Hackerangriff Ihr Konto leerräumt, haftet die Bank für Sie, sofern Ihnen keine grobe Fahrlässigkeit nachgewiesen werden kann. Die Bank ist also auch für die Sicherheit Ihres Geldes verantwortlich. Bei Kryptowährungen sind Sie selbst verantwortlich. Gerade Kryptowährungen sind aufgrund ihrer scheinbaren Anonymität aber auch beliebtes Ziel für Angreifer und Betrüger.

1.5.4 Fehlende Einlagensicherung

Ein weiteres Risiko, das sich ebenfalls daraus ergibt, dass es keine zentralen Banken oder ähnliches gibt, ist die fehlende Einlagensicherung bei den Handelsplattformen. Ihr normales Girokonto unterliegt dem Einlagensicherungsgesetz. Somit erhalten Sie theoretisch im Fall einer Insolvenz der Bank Ihr Geld bis zu einem gewissen Betrag wieder. Vergleichbare Schutzmechanismen gibt bei den meisten Börsen und Anbietern im Kryptowährungs-Bereich derzeit nicht. Die Ausnahme bildet der indirekte Handel mittels eines Brokers und CFD. Diese bieten in der Regel denselben Schutz wie etablierte Banken.

1.5.5 Skalierung

Ein häufiges Problem, mit dem einige Kryptowährungen wie Bitcoin kämpfen, ist die Skalierung und der damit eingehende Ressourcenverbrauch. Skalierung heißt hier die Zurverfügungstellung benötigter Ressourcen, um ausreichend viele Transaktionen günstig in kurzer Zeit durchzuführen. Viele der neuen Blockchain-Projekte versprechen, genau dieses Problem zu lösen. Zwar sind Bitcoin-Transaktionen derzeit sehr teuer und langsam, mit aktuellen Updates wie den Lightning-Transaktionen gibt es aber bereits gute Lösungsansätze. Auch die wachsende Größe der Blockchains dürfte in der Praxis kein Problem sein, da die zur Verfügung stehenden Computer-Ressourcen sich in den letzten Jahren ebenfalls stark weiterentwickelt haben und hier aktuell kein Engpass absehbar ist.

1.6 Blockchain als technische Grundlage für Kryptowährungen

Die Blockchain bildet die technische Grundlage für die meisten aktuellen Kryptowährungen. Sie ist wie eine Datenbank, die Transaktionen dezentral, transparent und kryptografisch gesichert speichert.

- Dezentral: Es gibt nicht nur einen Computer, der all die Daten bereithält. Viele tausend Computer auf der ganzen Welt haben eine Kopie aller Daten und helfen mit, die Blockchain zu betreiben. Das hat den großen Vorteil, dass es nicht so einfach zu einem Totalausfall des gesamten Systems kommen kann. Ein weiterer Vorteil ist, dass man keiner zentralen Instanz vertrauen muss. Unser heutiges Geldsystem funktioniert nur, solange wir den zentralen Instanzen wie den Zentralbanken vertrauen.

- Transparent: Alle Transaktionen sind für alle einsehbar und nachvollziehbar. Die Blockchain ist also nicht zwangsläufig anonym.

- Kryptografisch gesichert: Kryptografische Algorithmen sorgen dafür, dass niemand die Transaktionshistorie nachträglich ändern kann. So wird auch verhindert, dass Kryptowährungen beispielsweise doppelt ausgegeben werden können.

Die Blockchain bietet eine Infrastruktur, um Werte wie Kryptowährungen im Internet sicher zu versenden, ohne eine zentrale Instanz wie eine Bank zu benötigen. Die Blockchain können Sie sich als eine Art Kette von Blöcken vorstellen. In jedem dieser Blöcke sind die einzelnen Transaktionen wie in einer Excel-Tabelle gespeichert. Also wenn Sie einen Bitcoin versenden, wird das als Transaktion in einem dieser Blöcke gespeichert.

Die Idee, Gelder auf Basis der Blockchain zu verwalten, entstand kurz nach der Finanzkrise von 2008, als der Bitcoin als Alternative zum zentralen Bankensystem erfunden wurde. Der Erfinder von Bitcoin ist bis heute unbekannt.

Im Jahr 2008 veröffentlichte jemand unter dem Pseudonym „Satoshi Nakamoto“ eine neunseitige wissenschaftliche Arbeit mit dem Titel „A peer-to-peer Electronic Cash System“ im Internet. Diese Ausarbeitung stellte erstmals das Konzept einer digitalen dezentralen Währung grob vor und belegte das Konzept mit vielen mathematischen Formeln. Man weiß jedoch nicht, ob sich hinter diesem Pseudonym nur eine Person verbirgt oder ob es sich um eine Gruppe von mehreren Leuten handelt. Diese Ausarbeitung gilt als die Geburtsstunde des Bitcoins sowie der auf den Bitcoin folgenden Altcoins.

Es gibt mittlerweile Kryptowährungen, die nicht auf der Blockchain-Technologie basieren. Ein Beispiel dafür ist IOTA, welche das Konzept der Blockchain weiterentwickelt hat, um schneller und günstiger zu sein. Das System wird Tangle genannt und die Technik ist am ehesten vergleichbar mit vielen parallelen Blockchain-Ketten.

2

Grundprinzipien des erfolgreichen Handelns und Investierens mit Kryptowährungen

Grundprinzipien des erfolgreichen Handelns und Investierens mit Kryptowährungen können die nachfolgenden sein. Bevor Sie handeln und investieren, sollten Sie diese „goldenen Regeln“ verinnerlichen. Es sind diese Details, die einen Gewinner vom Verlierer unterscheiden, selbst wenn sie nicht unmittelbar mit dem Trading-Fachwissen, Kryptowährungen oder der Strategie zu tun haben.

Abhängig von Ihrer Strategie und der Handelsdauer, unterscheiden sich einige dieser Regeln. Beispielsweise ist langfristig Diversifikation gut, kurzfristig jedoch sollten Sie sich auf möglichst wenige Märkte/Kryptowährungen konzentrieren. Die jeweilige Handelsdauer ist in diesen Fällen mit angegeben.

2.1 Kapitalerhalt hat Vorrang

Das wichtigste Grundprinzip beim Handeln und Investieren mit Kryptowährungen ist, dass Kapitalerhalt Vorrang hat. Gerade Einsteiger, die das erste Mal an der Börse handeln, haben ständig das Gefühl, den Markt dauerhaft kontrollieren zu müssen und wollen ständig investiert sein, um ja keine Chance zu verpassen.

Aber Chancen gibt es mehr als genug. Wenn der Markt gerade in einer Seitwärtsbewegung ist, befassen Sie sich mit etwas anderem. Jeder Verlust verringert Ihr Einsatzkapital. Sie verlieren also Ihr „Arbeitsmaterial“. Also vermeiden Sie zu viele Trades, vermeiden Sie es, ständig investiert zu sein, und reduzieren Sie mögliche Verluste durch ein entsprechendes Risikomanagement. Ein schlechter Trade, den Sie nicht eingegangen sind, entspricht einem „Plus“ auf Ihrem Handelskonto.

Gleiches gilt für langfristige Investitionen. Ein prägnanter Spruch dazu ist „hin und her macht Taschen leer“.

2.2 Risiko, Rendite und Gewinn

Der grundsätzliche Zusammenhang ist: Je höher das Risiko, desto höher der Gewinn (die Rendite).

Eine Rendite hat nicht, wie häufig angenommen, mit dem erwarteten Gewinn zu tun, sondern mit dem Risiko, welches Sie tragen. Eine Rendite können Sie sozusagen als Risikoprämie betrachten. Das Risiko besteht immer darin, keinen Gewinn oder gar Verluste zu erwirtschaften.

Zwei Grundsätze sollten Sie zum Thema Risiko immer im Hinterkopf behalten:

1. Es gibt keine garantierte positive Rendite in keiner Anlageklasse und bei keinem Vermögenswert, die zu 100 % sicher ist.

2. Risiko bezieht sich immer auf die Zukunft und kann nicht mit historischen Daten vorhergesagt werden.

Bei Kryptowährungen handelt es sich um eine völlig neue Klasse von Vermögenswerten ohne langfristige historische Daten und basierend auf einer Technologie, deren Potentiale und Risiken sich derzeit noch nicht abschätzen lassen. Ein höheres Risiko bringt also gegebenenfalls einen höheren Gewinn, aber es heißt nicht ohne Grund Risiko, also Sie können auch alles verlieren. Ein Tagesgeldkonto bringt 0,1 % Zinsen, dafür ist es relativ sicher. Ein Bitcoin kann sich innerhalb eines Jahres im Wert vervielfachen, aber Sie können auch viel verlieren.

2.3 Sorgfältige Analyse

Analysieren Sie alle Ihre Investitionen und kurzfristigen Trades. Stellen Sie sicher, dass Sie das Konzept einer Kryptowährung verstanden haben. Für langfristige Investitionen sind Faktoren wie Team, Geschichte, Produkt, Potential und aktuelle Marktbewertung wichtig. Kurzfristig sind die aktuelle Marktsituation, Nachrichten, Einstiegssignale und mögliche kurzfristige Bewegungen entscheidend.

In beiden Fällen ist eine sorgfältige Analyse die Grundlage für eine gute Handelsentscheidung.

2.4 Diversifikation bei langfristigen Investitionen

Diversifikation ist ein wichtiges Grundprinzip für langfristige Investitionen in Kryptowährungen. Diversifikation bezeichnet in der Finanzwelt die Verteilung Ihres investierten Geldes über möglichst verschiedene und voneinander unabhängige Vermögenswerte, um das Risiko zu verringern. Diversifikation ist somit das Gegenteil von Konzentration.

Wenn Sie all Ihr Kapital auf eine einzige Kryptowährung setzen, wäre das sehr konzentriert und riskant. Investieren Sie also nicht nur in eine Kryptowährung, sondern streuen Sie Ihr investiertes Kapital über die größten Kryptowährungen nach Marktkapitalisierung. Ergänzen Sie dann einige kleinere Währungen mit viel Potential, die derzeit noch unbekannt sind, und hoffen Sie, dass eine von diesen für eine noch höhere Rendite sorgt.

Das Gleiche würden Sie auch bei Aktien tun. Ein paar solide DAX-Unternehmenswerte und für die bessere Rendite nehmen Sie die Emerging-Markets, also Länder wie China, Indien oder die Türkei, mit in Ihr Portfolio auf.

Hinweis: Für den erfolgreichen Vermögensaufbau ist es wichtig, Ihr investiertes Kapital möglichst breit zu streuen. Zum Beispiel in verschiedene Vermögenswerte wie Kryptowährungen, Tagesgelder, Anleihen, Immobilien, Rohstoffe und ETFs. Nur auf Kryptowährungen zu setzen wäre zu riskant. Dieses Buch behandelt aber nur den Handel mit Kryptowährungen.

Innerhalb einer Kategorie von Vermögenswerten können Sie niemals alle Risiken ausschließen, da es globale Risiken gibt, die den gesamten Markt eines Vermögenswertes betreffen können.

Nehmen Sie beispielsweise den Bereich Kryptowährungen. Gut diversifiziert zu sein bedeutet, dass Sie nicht nur Bitcoin, sondern auch IOTA, Ripple, Dash, Litecoin, Ethereum und vielleicht noch einige weitere wie NEO, Cardano oder Cindicator halten. Sollte nur eine dieser Währungen jetzt aus irgendeinem Grund an Wert verlieren, sind Sie zunächst abgesichert, weil Sie noch andere halten.

Wenn jedoch eine Schwachstelle in einem kryptografischen Algorithmus gefunden wird, welcher bei mehreren Kryptowährungen eingesetzt wird, oder wenn eine staatliche Regulierung erfolgt, würden diese Ereignisse den Wert Ihres gesamten Portfolios reduzieren. Deshalb ist eine Diversifizierung innerhalb einer Klasse von Vermögenswerten nicht ausreichend.

Aber auch über verschiedene Vermögenswerte kann das Risiko nicht komplett vermieden werden. Dies liegt an der Korrelation zwischen den einzelnen Vermögenswerten, die in der global vernetzten Weltwirtschaft alle mehr oder weniger voneinander abhängig sind. Es gibt praktisch keine völlig voneinander unabhängigen Vermögenswerte.

Ein häufiges Argument gegen Diversifikation ist, dass bestimmten Kryptowährungen ein höheres Wachstumspotential zugesprochen wird. Dieses Wachstumspotential führt dazu, dass viele Anleger diese Kryptowährungen verstärkt in ihr Portfolio aufnehmen. Dies wirkt sich jedoch in der Regel nicht positiv auf ihre Rendite aus, da dieses Wachstumspotential in den Kursen bereits eingepreist ist. Sie bezahlen also beim Kauf bereits für dieses Potential mit und erhöhen automatisch ihr Risiko. Dies kann beim kurzfristigen Handel zu einer erhöhten Rendite führen, eignet sich aber nicht für den langfristigen Handel.

Achten Sie deshalb darauf, immer möglichst breit und gleichverteilt zu diversifizieren. Diversifikation kann bei Kryptowährungen anhand verschiedener Faktoren erfolgen wie der Marktkapitalisierung, der zugrundeliegenden Funktion, dem Potential, den Investoren, dem kryptografischen Algorithmus u. v. m. Als Einsteiger reicht es zunächst, darauf zu achten, möglichst vielfältig zu investieren.

Mit einem sehr einfachen Portfolio aus den Top 10 Kryptowährungen nach Marktkapitalisierung können Sie bereits eine sehr gute Rendite ohne viel Aufwand erreichen. Vermeiden Sie bei langfristigen Investitionen in jedem Fall eine zu große Konzentration. Dies gilt insbesondere für kleinere Altcoins.

2.5 Sicherheit

Sicherheit ist eine grundlegende Voraussetzung für den Erfolg Ihrer Geldanlage. Während beim normalen Aktienhandel und auch bei anderen Formen der Geldanlage meist die Bank für die Sicherheit Ihres Geldes verantwortlich ist, müssen Sie beim Handel und bei Investitionen mit Kryptowährungen weitestgehend selbst für die Sicherheit sorgen.

Kryptowährungen sind aufgrund ihrer teilweisen Anonymität ein beliebtes Ziel bei Angreifern und Betrügern. Wenn es jemandem gelingen würde, Ihren privaten Schlüssel zu erbeuten, ist das Geld unwiederbringlich weg. Während die Bank in der Regel für Betrugsschäden haftet, bleiben Sie in diesem Fall auf dem Schaden sitzen.

Die nachfolgenden Sicherheitshinweise betreffen überwiegend den direkten Kauf. Wenn Sie als Daytrader vor allem die großen Kryptowährungen kurzfristig handeln wollen, können Sie das bei einem Broker tun. Dieser sorgt dann ähnlich wie eine Bank für die Sicherheit. Empfehlenswerte zuverlässige Broker finden Sie auf ccinvestor.de.

2.5.1 Umgang mit dem Computer

Zunächst ein paar allgemeine Sicherheitshinweise zum sicheren Umgang mit Ihrem Computer.

Wenn Sie größere Investments planen, kann es sinnvoll sein, eine komplett neue Betriebssysteminstallation vorzunehmen, um mögliche bereits auf dem System befindliche schädliche Computerprogramme zu entfernen. Dies können Sie auch in einer virtuellen Maschine oder als zweites System auf dem Computer installieren im Dual-Boot-Modus. Wenn Sie sich für ein separates Betriebssystem entscheiden, sollten Sie dieses auch nur für Ihre Investitionen in Kryptowährungen nutzen und auf keinen Fall andere Webseiten besuchen oder andere Software installieren. Für die meisten Investitionen benötigen Sie nur den Webbrowser und maximal noch die verschiedenen Wallet-Programme oder eine Handelssoftware.

Ebenfalls sollten Sie niemals auf Links in E-Mails klicken, die Sie nicht selbst angefordert haben. Ein Antiviren-Programm ist nicht notwendig, wenn Sie sich an diese Sicherheitshinweise halten.

2.5.2 Sichere Passwörter

Wenn Sie sich bei neuen Webseiten/Brokern/Exchanges registrieren oder eine neue Wallet erstellen, wird zumeist ein Passwort oder ähnliches benötigt. Achten Sie darauf, sichere Passwörter zu wählen. Ein gutes Passwort ist mindestens 10 Zeichen lang und enthält Groß- und Kleinbuchstaben, Sonderzeichen und Zahlen. Verwenden Sie auf keinen Fall ein Passwort, welches Sie bereits auch auf anderen Webseiten verwenden. Nehmen Sie für jede Webseite und für jede Registrierung ein eigenes Passwort. Schreiben Sie sich die Passwörter zur Sicherheit auf ein Blatt Papier, falls Sie diese vergessen sollten.

Da viele Passwort-Vergessen-Mechanismen über die E-Mail funktionieren, ist es wichtig, hier ebenfalls ein sicheres Passwort zu wählen und gegebenenfalls eine neue E-Mail-Adresse anzulegen.

2.5.3 Die Sicherung des privaten Schlüssels

Der private Schlüssel ist der Zugang zu Ihren Kryptowährungen. Wer diesen kennt, kann diese beliebig überweisen. Oft wenn von gehackten Börsen oder gestohlenen Kryptowährungen die Rede ist, wurde dieser private Schlüssel kopiert. Erstellen Sie den privaten Schlüssel einmalig auf einem sicheren Computer, der nicht mit dem Internet verbunden ist. Schreiben Sie diesen dann mit einem dokumentenechten Stift auf ein Blatt Papier und verwahren Sie dieses sicher auf. Erstellen Sie mindestens zwei Abschriften, die Sie an unterschiedlichen Orten aufbewahren. Für die bequeme Eingabe können Sie zusätzlich mit einer Hardware-Wallet arbeiten.

2.5.4 Zwei-Faktor-Authentifizierung

Auf den meisten Webseiten registrieren Sie sich mit einem Nutzernamen und einem Passwort. Sobald ein Angreifer diese beiden Daten hat, könnte er sich unter Ihrem Namen einloggen und Transaktionen durchführen. In diesem besonders sicherheitsrelevanten Bereich der Kryptowährungen wird deshalb oft eine zusätzliche Sicherheitsschicht eingebaut in Form einer Zwei-Faktor-Authentifizierung. Neben dem Nutzernamen und dem Passwort ist dann noch ein weiteres Sicherheitsmerkmal notwendig, beispielsweise die vom Online-Banking bekannte TAN-Nummer.

Alle seriösen Handelsplattformen für Kryptowährungen bieten eine oder mehrere Formen dieser Zwei-Faktor-Authentifizierung an. Die einfachste ist es, eine zweite E-Mail-Adresse zu hinterlegen. Wenn Sie dann eine Transaktion durchführen wollen, wird zunächst eine E-Mail an diese zweite Adresse versandt, in der Sie die Transaktion bestätigen müssen. Wenn beide E-Mail-Konten getrennt sind und unterschiedliche Passwörter verwenden, ist dies eine deutlich größere Hürde für Angreifer.

Eine Alternative ist das Mobile-TAN-Verfahren, wo Sie analog zum Online-Banking für jeden Vorgang eine TAN-Nummer auf Ihr Handy erhalten und diese als zweites Sicherheitsmerkmal eingeben müssen. In der Praxis wird dies beispielsweise über den Google-Authenticator umgesetzt, den Sie bei den meisten Exchanges aktivieren können. Dann sehen Sie auf Ihrem Smartphone einen ständig wechselnden Zahlencode, den Sie als zusätzliches Sicherheitsmerkmal auf den Webseiten angeben müssen.

Neben diesen beiden Formen gibt es noch viele weitere Formen der Zwei-Faktor-Authentifizierung, über die Sie sich auf der Webseite des jeweiligen Anbieters informieren können. In jedem Fall sollten Sie aber die Zwei-Faktor-Authentifizierung aktivieren, sobald Sie mit Kryptowährungen handeln.

2.5.5 E-Mails

Öffnen Sie keine Links in E-Mails, die Sie nicht angefordert haben. Sogenannte „Phishing-Angriffe" bei denen Sie auf falschen Webseiten zur Eingabe Ihrer Daten aufgefordert werden, sind die häufigste Variante, wie Angreifer Zugriff erlangen. Wenn Sie auf Ihre Exchange oder Ihren Broker zugreifen wollen, geben Sie immer direkt die Adresse im Browser ein oder speichern Sie diese in Ihren Favoriten.

2.6 Das Portfolio überwachen

Wenn Sie mit Kryptowährungen handeln oder investieren, gibt es verschiedene Möglichkeiten, die Rendite zu überwachen. Das Überwachen der An- und Verkäufe ist aber nicht nur wichtig, um Ihre Rendite im Auge zu behalten, sondern auch, um später möglichen steuerlichen Anforderungen gerecht werden zu können. Wenn Sie die Haltefristen nachvollziehbar belegen können, wird das wesentlich einfacher. Dazu gibt es verschiedene Lösungen wie Cointracking oder Blockfolio, die sowohl kostenlos als auch in kostenpflichtigen Versionen verfügbar sind. Das Grundprinzip ist immer gleich: Sie tragen Ihre Käufe und Verkäufe mit dem entsprechenden Kurs in die Software ein und haben stets einen Überblick über den Gesamtwert Ihres Portfolios und die Wertentwicklung. Alle, die direkt mit Kryptowährungen handeln wollen, sollten eine

Software zur Verwaltung des Portfolios nutzen. Besonders langfristige „Buy and Hold"-Investoren sollten diese jedoch nicht auf dem Smartphone installieren. Die enormen Schwankungen führen sonst nur zu unnötigem Stress. Es ist ausreichend, einmal im Monat Ihr aktuelles Portfolio zu prüfen bzw. dann, wenn Sie ein Rebalancing, einen Verkauf oder neue Investitionen vornehmen wollen.

2.7 Psychologie

Die Psychologie ist gerade für Trader sehr wichtig. Die geistige Haltung ist oft ursächlich dafür, dass viele Trader (unnötig) Geld verlieren. Selbst die beste Strategie hilft nicht, wenn Sie sich nicht daran halten. Deshalb soll Ihnen der folgende Abschnitt Denkanstöße zur psychologischen Seite des Handels und des Investierens mit Kryptowährungen vermitteln.

2.7.1 Die Erwartungshaltung

Machen Sie sich zunächst klar, was Sie vom Handel und Investieren mit Kryptowährungen erwarten und ob Ihre Erwartungen realistisch sind. Immer wieder gibt es Webseiten und Handelssysteme, die Ihnen praktisch ohne Arbeit mehrere hundert Prozent Rendite in kürzester Zeit versprechen. Vergessen Sie den Mythos vom schnellen Reichtum ohne Arbeit. Auch regelmäßiges Traden ist Arbeit und erfordert Einarbeitungszeit, Fachwissen, Disziplin, Motivation und Durchhaltevermögen. Wenn Sie dazu bereit sind, können Sie mit Kryptowährungen gutes Geld verdienen.

2.7.2 Charaktereigenschaften

Folgende Charaktereigenschaften sind beim Handeln und Investieren mit Kryptowährung förderlich:

Disziplin, Motivation, Lernbereitschaft, Durchhaltevermögen, Ehrgeiz, Risikobereitschaft, emotionale Ausgeglichenheit, selbstkritische Haltung bei der Auswertung der Ergebnisse.

Dies alles sind Charaktereigenschaften, welche Sie überall im Leben voranbringen. Von daher können Handel und Investition mit Kryptowährungen auch eine gute Übung zur Persönlichkeitsentwicklung sein.

2.7.3 Umgang mit Gewinnen

Zunächst ist es natürlich gut, wenn Sie Gewinne erzielen. Sie werden dieses Gefühl lieben, dass Sie praktisch von zu Hause aus, völlig frei und selbstverantwortlich, nur durch ein paar Klicks Geld verdient haben. Aber auch bei einem Gewinn sollten Sie hinterfragen, ob er der Strategie entsprochen hat und ob Sie richtig gehandelt haben. Anderenfalls wird langfristig dieser kleine Gewinn Ihre gesamte Trading-Disziplin schwächen. Wenn es einmal ohne Strategie geklappt hat, warum nicht auch ein zweites Mal? Dieser Gedanke ist oft der Anfang vom Ende eines Handelskontos.

Vermeiden Sie Gier. Kaufen Sie nicht blind nach, nur weil eine Position im Plus ist, und erhöhen Sie nicht die Positionsgröße. Ärgern Sie sich nicht, wenn eine Position weiter steigt und Sie vielleicht zu früh verkauft haben. Seien Sie dankbar für das, was Sie haben, und stolz auf sich, wenn es ein guter Trade gemäß Ihrer Strategie war. Gönnen Sie sich nach einigen guten Trades eine Belohnung oder machen Sie eine Pause.

Ein weiterer Tipp, um Gier zu vermeiden, ist es, konkrete Ziele zu haben. Setzen Sie sich ein Ziel wie 6.000 Euro im Monat. Das bedeutet bei 20 Handelstagen, 300 Euro pro Tag. Natürlich sollten Sie Gewinne laufen lassen und es kommen auch Verlusttage, aber anhand dieses Zieles können Sie jederzeit bestimmen, wo Sie derzeit stehen und ob Sie dabei sind, Ihre Ziele zu erreichen.

2.7.4 Umgang mit Verlusten

Gewinnen kann man, verlieren muss man. An der Börse gibt es keine Win-Win-Situationen. Immer, wenn Sie gewinnen, verliert ein anderer oder umgekehrt. Ein Verlust ist aber nur dann ein Fehler, wenn Sie sich entweder nicht an Ihre Strategie gehalten haben oder aber nichts daraus lernen. Keine Strategie ist perfekt und auch kein Trader. Selbst langjährigen, sehr erfahrenen Tradern passieren Fehler, über die sie sich ärgern.

Wenn wir einen Fehler machen, unsere Lektion daraus lernen und dann damit abschließen, ist alles halb so schlimm. In dem Moment, wo wir einen Fehler zu lange mit uns herumtragen und unser weiteres Trading beeinflussen lassen, indem wir die Positionsgröße erhöhen, um die Verluste aufzuholen oder ähnliches, erst dann wird es uns am Ende vielleicht wirklich weh tun.

Sollten Sie mehrere Verluste in Folge erlitten haben, nehmen Sie sich eine Auszeit und analysieren Sie ausführlich, was passiert ist und was Sie besser machen können. Fragen Sie gegebenenfalls auch andere um Rat, wie die das sehen. Setzen Sie Ihren Handel erst wieder fort, wenn Sie mit dem Fehler und den Verlusten abgeschlossen haben.

Bedenken Sie immer: Morgen ist auch noch ein Tag. Sie werden genug Chancen haben.

2.7.5 Emotionen

„Das Wichtigste für einen Investor ist nicht der Intellekt, sondern das Temperament. Dein Temperament sollte so sein, dass Du weder große Freude empfindest, wenn Du mit der Masse läufst, und ebenso wenig, wenn Du gegen den Strom schwimmst.“ (Warren Buffet)

Emotionen sind ein besonders heikler Punkt. Es gibt Trader, die handeln, wenn sie emotional durch andere Probleme belastet sind, in der Hoffnung, dass ein Gewinn ihnen kurzfristiges Glück verschafft. Aber in dieser Stimmung arbeitet Ihr Kopf nicht klar, häufig entstehen so Verluste. Diese werden Sie am Ende nur noch weiter herunterziehen. Deshalb sollten Sie, wenn Sie emotional angespannt sind oder andere Dinge Sie belasten, nicht traden. Das Gleiche gilt übrigens auch für zu viel Euphorie. Am besten handelt man mit einem klaren Kopf, frei von ablenkenden Gedanken und zu starken Gefühlen.

2.7.6 Der Bezug zum Geld

Das eingesetzte Kapital ist Ihr Werkzeug. Bewahren Sie also die notwendige emotionale Distanz. Dies fällt zumeist leichter, wenn Sie mit kleineren Beträgen anfangen. Wenn Sie Geld riskieren, das Sie auf keinen Fall verlieren dürfen, erhöht das Ihren Stresspegel und vermindert Ihre Fähigkeit, objektive Entscheidungen zu treffen.

Vermeiden Sie auch jegliche Form des Umrechnens. Wenn eine Position 100 Euro im Minus ist, dann wäre das ein schönes Essen, und für 1.000 Euro kriegen Sie vielleicht auch einen Urlaub. Aber diese Art zu denken hilft Ihnen nicht weiter. Ein Teil des „Arbeitsmaterials“ ist verbraucht, wo gehobelt wird, da fallen Späne; passen Sie nur auf, dass am Ende noch Holz übrig bleibt.

2.7.7 Suchtgefahr

Traden kann süchtig machen, zu Risiken und Nebenwirkungen fragen Sie Ihren Arzt oder Apotheker. Viel mehr gibt es dazu an dieser Stelle auch gar nicht zu sagen. Eine Sucht kommt von dem Wort „suchen“, Menschen, die kein stabiles soziales Umfeld haben oder von sich aus eine innere Leere im Leben empfinden, sind besonders anfällig. Der Rausch des schnellen Geldes, das Glücksgefühl nach einem Gewinn, der Adrenalinspiegel, wenn der Kurs immer weiter steigt. Für viele ist Traden auch ein Wechselbad der Gefühle und hier besteht durchaus eine Suchtgefahr. Jedoch führt dieses Thema hier zu weit, von daher nur der Hinweis: Übertreiben Sie es nicht. Sie werden selbst am besten merken, wenn das der Fall ist, und sollten dann entsprechende Hilfe suchen.

2.7.8 Pausen

Auch beim Handeln und Investieren mit Kryptowährung sind Pausen wichtig. Nach einem Verlust, nach einer emotionalen Phase, manchmal auch nach Gewinnen, um diese zu behalten. Machen Sie öfter einmal Pausen, Chancen wird es auch morgen noch geben, und solange Sie Geld auf dem Handelskonto haben, können Sie diese wahrnehmen. Sollten Sie in einem hitzigen Moment alles verspielen, ist es schwer, sich von diesem Rückschlag zu erholen.

2.7.9 Disziplin und Strategie

Disziplin und das strikte Befolgen Ihrer Strategie sind Schlüsselfaktoren für den Erfolg. Eine Möglichkeit, Ihre Disziplin zu trainieren und zu viel Trading zu vermeiden, ist es, wenn Sie genau einen Trade am Tag machen. Egal was passiert, egal wie viele Einstiege Sie sehen, Sie traden nur genau einmal am Tag. Dadurch werden zwei Dinge passieren: Zum einen werden Sie Ihre Disziplin trainieren, indem Sie sich daran halten, und zum anderen werden Sie diesen einen Trade so gut wie möglich machen. Sie lernen auf diese Weise, auf die wirklich guten Chancen zu warten und auch die Märkte einmal nur zu beobachten. Sie begrenzen gleichzeitig mögliche Verluste in so einer Phase, wenn Sie noch keine passende Strategie gefunden haben.

2.8 Das Trading-Tagebuch

Das Trading-Tagebuch ist ein Tagebuch oder eine Tabelle, in dem/in der Sie alle Ihre Trades und Investitionen festhalten. Erfolgreiches Handeln mit Kryptowährungen erfordert eine gute Strategie und dass Sie sich an diese halten. Wichtig ist zu erkennen, dass auch bei der besten Trading-Strategie Verluste vorkommen. Wenn Ihr Handel Ihrer Strategie entsprochen hat, ist er trotzdem richtig gewesen.

Das Trading-Tagebuch hilft Ihnen, Ihre Trades auszuwerten, einzuordnen, Fehler zu erkennen, Ihre Strategie anzupassen und sich kontinuierlich zu verbessern. Gutes Trading ist jederzeit nachvollziehbar und das können Sie mit Ihrem Trading-Tagebuch festhalten und überprüfen. Darüber hinaus ist dies auch eine gute Möglichkeit, sich mit Außenstehenden über die Trades auszutauschen.

Das Trading-Tagebuch enthält für jeden Trade zwei Komponenten und bietet somit mehr als eine reine Software zur Portfolio-Überwachung:

1. die wichtigsten markttechnischen Fakten wie Kurse, Stopps, Trends, Indikatoren, Gründe für den Einstieg, Stop Limits usw.
2. die psychologischen Aspekte: Wie haben Sie sich an diesem Tag gefühlt? Trauer, Wut, vorherige Verluste, die Sie belasten, ein Hochgefühl, weil Sie gerade im Plus sind?

Egal was es ist, schreiben Sie es in Ihr Trading-Tagebuch, denn es wird Ihnen helfen, jedes Mal besser zu werden.

Überlegen Sie sich ein eigenes Schema von Abkürzungen. So können Sie schneller die Daten eintragen und diese einfacher durchsuchen, falls Sie beispielsweise den Zusammenhang zwischen Ihrer Stimmungslage und Ihren Verlusten analysieren wollen. Achten Sie darauf, dass es Ihnen leicht fällt, das Trading-Tagebuch zu führen, also schreiben Sie auch nicht zu viele Informationen auf. Lieber weniger Informationen festhalten, als am Ende gar keine, weil es zu aufwändig ist. Einige der Handelsplattformen können auch die Trades als Tabelle ausgeben. Diese können Sie auch als Grundlage für Ihr persönliches Trading-Tagebuch nehmen. Alternativ tragen Sie den Handel bereits vor der Ausführung in Ihr Trading-Tagebuch ein. Das hat den Vorteil, dass Sie alle Ihre Handlungen vorher noch einmal überdenken und Trades im Affekt, aus Angst, die große Bewegung zu verpassen, werden so vermieden. Die einfachste Möglichkeit ist es, dafür ein Tabellenverarbeitungsprogramm zu nutzen.

2.8.1 Die Inhalte des Trading-Tagebuches

Folgende Punkte sollten Sie zu den Trades festhalten:

1. Trade-Nummer, eine einfache fortlaufende Nummer
2. Kryptowährung
3. Datum
4. L/S falls Sie Long oder Short gehen und indirekt handeln
5. Einstiegssignal
6. Trendphase
7. Positionsgröße
8. Einstiegskurs
9. Ausstiegskurs
10. Grund für den Ausstieg
11. eventuelle Limits
12. prozentualer Anteil an Ihrem Handelskapital
13. Stimmung

Wenn es Ihnen gelingt, diese Punkte regelmäßig für alle Ihre Trades festzuhalten, wird das Ihr Trading schon wesentlich verbessern.

2.9 Die Strategie

Erstellen Sie eine passende Strategie. Wählen Sie gegebenenfalls für unterschiedliche Märkte und Marktsituationen unterschiedliche Strategien. Testen Sie neue Strategien zunächst mit kleineren Positionsgrößen. Das Wichtigste an einer Strategie aber ist, dass Sie sich daran halten. Wenn Sie sich für eine Strategie entschieden haben, ist es aber trotzdem wichtig, auch andere Strategien zu kennen und deren mögliche Einstiegssignale im Auge zu behalten. Selbst wenn Sie beispielsweise Trendlinien nicht handeln, werden sie von vielen anderen Tradern gehandelt. Die besten Chancen haben Sie, wenn mehrere Einstiegssignale aus unterschiedlichen Strategien vorliegen. Das klingt zunächst nach sehr viel, aber Sie können das Schritt für Schritt angehen, beginnend mit Ihrer eigene Strategie und darauf aufbauend der Blick auf die Strategien anderer Trader und Investoren.

2.10 Fehleranalyse

Gehen Sie regelmäßig Ihr Trading-Tagebuch durch und finden Sie Muster. Insbesondere achten Sie darauf, wann und in welchen Situationen Sie Verluste machen und notieren Sie sich die Ursachen in einer Fehlerliste. Gehen Sie diese Liste vor einem neuen Handelstag durch und nehmen Sie sich vor, diese Fehler zu vermeiden. Machen Sie diese Analyse und Vermeidungsstrategie zu einer täglichen Routine, um Ihr Handeln und Investieren konstant zu verbessern.

2.11 Weniger ist manchmal mehr

Machen Sie nicht zu viele Trades und beobachten Sie nicht ständig den Markt. Es gibt keinen Zusammenhang zwischen Handelsdauer und Gewinn. Das gilt sowohl für den langfristigen als auch den kurzfristigen Handel. Warten Sie auf die richtige Situation, es wird genügend davon geben, so dass es auch kein Problem ist, wenn Sie eine Weile Abstand nehmen.

Ein häufiger Fehler gerade bei Einsteigern im Daytrading ist es, nachdem man ausgestoppt wurde, sofort einen Trade in die Gegenrichtung zu platzieren und ständig im Markt aktiv zu sein. Denken Sie hier noch einmal an das wichtigste Grundprinzip: Kapitalerhalt hat Vorrang. Lieber nur einen Trade am Tag mit Gewinn als 50 und am Ende Verlust.

Eine gute Methode für Einsteiger ist es, sich zunächst immer nur in eine Richtung zu positionieren. Also konzentrieren Sie sich zunächst nur auf die Richtung des Haupttrends. In einem Aufwärtstrend auf Tages- oder Wochenbasis traden Sie zunächst nur Long. Versuchen Sie am Anfang nicht, in beide Richtungen zu profitieren. Und hier noch einmal der Hinweis: Vermeiden Sie Kurse, die sich seitwärts bewegen. Diese verleiten förmlich dazu, oft die Richtung zu wechseln, und die Schwankungen sind gerade für Einsteiger schwer zu handeln.

Eröffnen Sie keine Position, wenn Ihr Handelssignal nicht eindeutig ist oder aber Sie bei Positionseröffnung zu unsicher sind. Warten Sie auf eine bessere Chance und auf gar keinen Fall handeln Sie in die entgegengesetzte Richtung.

Als Einsteiger sollten Sie beim kurzfristigen Handel nicht zu viele Kryptowährungen gleichzeitig handeln. Konzentrieren Sie sich auf einige wenige Kryptowährungen, mit denen Sie sich intensiv befassen und dort zu aktuellen Entwicklungen auf dem Laufenden sind. Gerade Einsteiger machen häufig den Fehler, alles gleichzeitig handeln zu wollen und begründen das dann mit „Diversifikation des Portfolios“ oder damit, dass sie sonst ja Chancen verpassen. Jedoch gibt es in fast jedem Markt genügend Handelschancen, wenn er nur liquide genug ist. Diversifikation ist nur für längere Haltefristen wichtig. Auch wenn Sie nur den Bitcoin als Daytrader handeln, ergeben sich genügend Chancen.

Handeln Sie in liquiden Märkten. Liquide Märkte bedeutet, dass es möglichst oft zu einer Kursstellung kommt, da durchgehend Transaktionen durchgeführt werden. Dies ist nicht zu verwechseln mit volatilen Märkten, welche großen Kursschwankungen unterliegen. In liquiden Märkten haben Sie zumeist geringere Handelsgebühren. Außerdem werden Ihre Handelsaufträge (Ordern) auch nahe dem aktuellen Kurs ausgeführt. In sehr illiquiden Märkten kann es hier zu erheblichen Kursschwankungen aufgrund fehlender Liquidität kommen. Für Daytrader ist das nicht geeignet. Bei Kryptowährungen sollten Sie also immer die jeweils größte Exchange nehmen mit dem höchsten Handelsvolumen für die jeweilige Kryptowährung.

3 Der Handel mit Kryptowährungen

3.1 Arten des Handelns

Wie auch beim Handel mit anderen Werten ist auch der Handel mit Kryptowährungen ortsunabhängig: Mit einem Computer und einem Internetzugang können Sie von jedem beliebigen Ort auf der Welt handeln. Außerdem ist der Handel mit Kryptowährungen eine skalierbare Tätigkeit, das heißt, Ihre dafür eingesetzte Zeit steht in keinem direkten Zusammenhang mehr mit dem möglichen Ertrag. Schließlich ist es beispielsweise nicht zeitaufwändiger, 10.000 Euro zu handeln als nur 1.000 Euro. Sie recherchieren, analysieren, suchen den besten Kaufzeitpunkt und verkaufen wieder – egal, wie hoch der Geldbetrag ist, den Sie anlegen wollen. Ihre Gewinnpotentiale sind theoretisch ohne Grenzen, während trotz aller Risiken Ihre Verluste meist auf Ihr jeweiliges eingesetztes Kapital begrenzt sind. Kryptowährungen bieten derzeit eine einmalige Rendite-Chance und zwar unabhängig davon, ob und welche der aktuellen Kryptowährungen sich durchsetzen werden. Das Risiko ist jedoch stets zu beachten.

Der Handel mit Kryptowährungen, der häufig auch als Kryptotrading bezeichnet wird, hat das Ziel, von Wertänderungen zu profitieren. Nehmen wir an, Sie kaufen heute einen Goldbarren für einen Kurs von 1.000 Euro. Steigt der Goldkurs, ist der Goldbarren in einem Jahr vielleicht 2.000 Euro wert und Sie können ihn mit 1.000 Euro Gewinn verkaufen. Sie haben also durch einen geschickten Kauf- und Verkaufszeitpunkt 1.000 Euro Gewinn erzielt. Genau darum geht es beim Trading (engl. für Handeln) und beim Kryptotrading: Sie handeln mit digitalem „Gold" in Form von Kryptowährungen.

Beim Kryptotrading gibt es verschiedene Marktteilnehmer: Firmen, Institutionen, Banken, ganze Staaten sowie private Händler und Kleinstanleger. Durch den aktuellen Hype um Kryptowährungen sowie Vereinfachungen beim Handel durch verfügbare Informationen und vereinfachte Handelsmöglichkeiten kommen immer mehr Teilnehmer in den Markt. Der Handel mit Kryptowährungen ist rund um die Uhr möglich. Klassische Öffnungszeiten wie bei den Aktienbörsen gibt es nicht. Es liegt also an Ihnen und Ihrer Strategie, wann Sie handeln werden. Einzelne Anbieter von speziellen Finanzprodukten können jedoch individuelle Öffnungszeiten haben. Diese orientieren sich ungefähr an den normalen Börsenöffnungszeiten.

Grundsätzlich gibt es zwei Arten, wie Sie Kryptowährungen handeln können:

1. direkt, indem Sie die Kryptowährung kaufen

2. indirekt über Derivate auf Kryptowährungen wie CFD oder den Bitcoin Future

Sie können beide Varianten für sich nutzen, sollten jedoch den Unterschied kennen.

3.1.1 Der direkte Handel

Beim direkten Handel kaufen Sie die Kryptowährungen selbst. Sie tauschen also Euro oder eine andere Währung in Kryptowährungen ein. Der direkte Handel erfolgt wie bei Aktien an entsprechenden Börsen. Diese Börsen werden auch Exchanges genannt, da hier verschiedene Währungen und Kryptowährungen untereinander getauscht werden können.

Ein- und Auszahlungen können von Ihrem normalen Bankkonto vorgenommen werden. Die meisten Anbieter bieten zudem weitere Zahlungsmethoden an wie Kreditkarte, Paypal, Skrill oder Giropay. Wenn Sie mit dem direkten Handel beginnen, benötigen Sie also einen Account bei einer Exchange. Damit Ihre Aufträge zuverlässig und schnell ausgeführt werden, sollten Sie eine der größten nehmen, die bereits lange am Markt ist und über einen möglichst großen Umsatz verfügt. Eine Übersicht über empfehlenswerte Exchanges finden Sie auf der Webseite https://ccinvestor.de.

Der direkte Handel ist vor allem für mittel- bis langfristige Strategien empfehlenswert, also wenn Sie die Kryptowährungen mehrere Wochen, Monate oder Jahre halten. Da nur einige der größten Kryptowährungen per CFD gehandelt werden können, ist der direkte Handel auch der einzige Weg, kleinere Kryptowährungen zu handeln oder in neue Kryptowährungen zu investieren.

3.1.2 Der indirekte Handel mit CFD

Außer dem direkten Handel gibt es mittlerweile auch den indirekten Handel mit Hilfe von Derivaten auf Kryptowährungen. Damit sind Finanzprodukte wie Contract for Differences (CFD) oder Futures gemeint, welche von klassischen Börsen-Brokern angeboten werden und die Wertentwicklung der Kryptowährungen abbilden. Ein Derivat ist ein Finanzprodukt, das seinen Wert immer von einem Underlying genannten anderen Finanzprodukt ableitet. Sie kaufen also nicht die Kryptowährungen selbst, sondern eine Art

Wertpapier, dessen Wert sich vom aktuellen Kurs der jeweiligen Kryptowährung ableitet. Bei CFD und Futures können Sie auch von fallenden Kursen profitieren und gehebelte Positionen handeln. Insbesondere für Daytrader und sehr kurze Haltefristen ist dies eine sehr interessante Möglichkeit.

Für Einsteiger eignen sich CFD gut, da diese nur ein geringes Startkapital voraussetzen. Mehr dazu im Abschnitt über Hebel und Margin. Außerdem bieten sie eine bereits seit vielen Jahren etablierte Infrastruktur mit professionellen Handelsprogrammen. Da keine weiteren Accounts benötigt werden und der Umtausch in Echtgeld-Währungen automatisch erfolgt, ist der indirekte Handel über einen Broker deutlich einfacher als der direkte.

CFD wurden in den 1980er Jahren in London erfunden und waren ursprünglich ein Trick, um Steuern zu sparen. Die Konstruktion der CFD erlaubte es, die Risiken und Gewinne einer Aktie zu verkaufen, ohne dass die eigentliche Aktie den Besitzer wechseln musste. Es mussten also auch keine Steuern bezahlt werden. Bis heute sind CFD weniger staatlich reguliert und können auf verschiedenste Finanzprodukte wie Aktien, Rohstoffe oder Kryptowährungen gehandelt werden.

CFD können an der Börse und außerbörslich gehandelt werden bei einem Broker. Es gibt keine Haltefristen und keine Verzögerungen bei der Ausführung einer Transaktion. Da der Broker der direkte Handelspartner ist und der Markt wenig reguliert ist, ist es hier besonders wichtig, einen seriösen Broker mit möglichst niedrigen Gebühren zu wählen.

Der indirekte Handel ist besser geeignet für kurz- bis mittelfristige Handelszeiträume, also wenn Sie die Positionen wenige Minuten bis maximal wenige Tage halten. CFD gibt es aber nur zu den größten Kryptowährungen, wobei sich die Auswahl nach und nach immer mehr vergrößert.

3.2 Die Voraussetzungen für den Handel mit Kryptowährungen

Es gibt keine speziellen Voraussetzungen für den Handel mit Kryptowährungen. Der Markt ist weitestgehend unreguliert, es gibt keine Banken, keine Konten oder Instanzen, die Sie in irgendeiner Weise einschränken. Alles, was Sie benötigen,wird nachfolgend aufgelistet.

3.2.1 Computer

Für den Handel mit Kryptowährungen ist kein spezieller Computer erforderlich. Jeder aktuelle Computer/jedes aktuelle Notebook und auch Tablets oder Smartphones sind ausreichend.

3.2.2 Internetverbindung

Für die Internetverbindung gilt: Jeder normale DSL- oder Kabelanschluss ist ausreichend und auch über eine mobile Datenverbindung kann gehandelt werden.

3.2.3 Handelssoftware

Damit Sie Ihre Kauf- und Verkaufsaufträge an die Marktplätze für Kryptowährungen übermitteln können, benötigen Sie eine Handelssoftware. Die Handelssoftware kann außer für die Transaktionen auch für die Kursanalyse und die Marktübersicht genutzt werden.

Bei der Handelssoftware gibt es drei Ansätze:

- Sie können direkt in Ihrem Browser handeln. Der große Vorteil ist, dass Sie sofort ohne zusätzliche Installation mit dem vorinstallierten Browser auf fast allen Betriebssystemen handeln können. Dazu gehen Sie lediglich auf die Webseite der Handelsplattform, loggen sich ein und können direkt beginnen. Die Anbieter für den direkten Handel sind fast ausschließlich browserbasiert.

- Die Alternative sind installierte Softwarelösungen. Für alle, die Kryptowährungen indirekt handeln wollen, ist eine installierte Handelsplattform meist die bessere Wahl. Hier gibt es kostenlose Plattformen wie den Metatrader 4 oder 5, welche mit einigen der Handelsplattformen für Kryptowährungen zusammenarbeiten. Wenn Sie einen Account bei einem der Broker erstellt haben, können Sie in Ihrem Accountbereich meist eine fertig konfigurierte Handelssoftware herunterladen.

- Eine weitere Möglichkeit sind Apps, die Sie auf mobilen Geräten installieren können. Technisch sind diese auf dem gleichen Niveau wie browserbasierte Handelsplattformen, bieten jedoch den Vorteil, dass sie einen Handel praktisch überall ermöglichen. Die Erstellung von Kursprognosen oder Arbeit mit den grafischen Werkzeugen auf den mobilen Endgeräten ist jedoch recht kompliziert.

Als Einsteiger beginnen Sie also einfach mit einem Account und einer browserbasierten Handelssoftware. Wenn Ihnen das irgendwann nicht mehr genügen sollte oder Sie mit CFD auf Kryptowährungen und sehr kurze Haltefristen handeln wollen, installieren Sie eine Handelssoftware. Auf der Webseite zum Buch finden Sie Links zu den entsprechenden Anbietern und welche Handelsplattformen unterstützt werden.

3.2.4 Handelsaccount

Abhängig davon, wie Sie handeln wollen, benötigen Sie noch einen Handelsaccount auf einem der Marktplätze für Kryptowährungen. Dieser ist schnell erstellt und erfordert jedoch in der Regel den sogenannten KYC (Know Your Customer)-Prozess. Sie müssen also einige persönliche Daten hinterlegen, abhängig von dem jeweiligen Marktplatz. Dies ist insbesondere erforderlich, wenn Sie gegen Echtgeld wie Euro oder Dollar tauschen wollen. Für den reinen Handel von Kryptowährungen untereinander gibt es jedoch inzwischen diverse anonyme Plattformen. Da die Verifizierungsprozesse teilweise etwas länger dauern, ist es sinnvoll, diesen Account so früh wie möglich zu erstellen und die entsprechenden Unterlagen einzureichen.

3.2.5 Wallet

Hinweis: Wenn Sie Kryptowährungen ausschließlich indirekt kaufen wollen über CFD oder Futures, benötigen Sie keine Wallet.

Wenn Sie Kryptowährungen wie Bitcoins direkt kaufen wollen, ist es sinnvoll, diese auf einer eigenen Wallet zu lagern, worauf nur Sie Zugriff haben.

Wenn Sie Transaktionen wie eine Überweisung von Kryptowährungen auf der Blockchain durchführen wollen, benötigen Sie immer eine öffentliche Adresse und einen privaten Schlüssel. Das Zusammenspiel können Sie sich wie einen Briefkasten vorstellen: Jeder kann Briefe einwerfen, aber nur wer den privaten Schlüssel hat, kann sie auch wieder herausholen. Jeder, der Ihnen Kryptowährungen überweisen will, benötigt Ihre öffentliche Adresse. Diese ist ähnlich wie eine Kontonummer und weltweit eindeutig. Sie können beliebig viele solcher öffentlichen Adressen mit Hilfe Ihres privaten Schlüssels generieren. Der private Schlüssel ermöglicht es Ihnen, Transaktionen durchzuführen und abzusichern. Der private Schlüssel ist eine lange Kette von Zahlen und Buchstaben. Wer diesen kennt, hat Zugriff auf Ihre Kryptowährungen. Geben Sie diesen privaten Schlüssel also niemals weiter, generieren Sie ihn niemals online und speichern Sie diesen Schlüssel an einem sicheren Ort. Der private Schlüssel ist der Zugang zu Ihren Kryptowährungen.

Die Wallet ist praktisch eine Anwendung zum Verwalten Ihres privaten Schlüssels. Die Kryptowährungen selbst werden nicht in der Wallet gespeichert, sondern befinden sich immer in der Blockchain.

Mit der Wallet können Sie lediglich auf diese zugreifen. Eine passende Analogie dazu ist das Bankkonto. Die Blockchain ist die Bank und die Wallet ist wie eine Oberfläche für das Online-Banking, bei dem Sie sich mit Ihrem privaten Schlüssel authentifizieren, bevor Sie Transaktionen durchführen können. Auch wenn Sie die Wallet verlieren oder die Festplatte, auf der diese gespeichert ist, können Sie noch auf Ihre Kryptowährungen zugreifen, solange Sie den privaten Schlüssel noch haben.

Es gibt verschiedene Varianten von Wallets. Welche Sie nutzen, hängt von der jeweiligen Kryptowährung sowie Ihren persönlichen Anforderungen ab. Die wichtigsten Arten von Wallets werde ich Ihnen jetzt kurz vorstellen. Online finden Sie konkrete Anleitungen für einzelne Kryptowährungen und wie Sie diese kaufen und auch eine Wallet erstellen können. Die nachfolgenden Beispiele beziehen sich auf Bitcoin-Wallets.

Desktop-Wallet

Das Desktop-Wallet ist ein Programm, welches Sie lokal auf Ihrem Computer installieren. Die Software kann beliebig viele öffentliche Adressen generieren, um Guthaben zu empfangen, zu versenden und die dazugehörigen privaten Schlüssel aufzubewahren. Eine kostenlose empfehlenswerte einsteigerfreundliche Desktop-Software für Windows, Mac und Linux ist „Electrum“. Die original Bitcoin-Software für Bitcoin, die auch eine Wallet enthält, finden Sie auf bitcoin.org. Mit dieser können Sie dann auch aktiv am Netzwerk teilnehmen und Transaktionen bestätigen.

Mobile-Wallet

Das Mobile-Wallet ist eine App für Ihr Smartphone oder Tablet. Diese gibt es für die verschiedensten Kryptowährungen und Smartphonehersteller. So ist es theoretisch möglich, in Shops oder auf der Straße mit dem Smartphone und Kryptowährungen zu bezahlen. Die bekannteste mobile Wallet ist „Jaxx“. Ich empfehle aber, keine mobile Wallet zu nutzen, da das Smartphone schnell verloren ist und häufig nicht so sicher ist wie ein Computer oder ein Paper-Wallet. Die meisten mobilen Wallets haben zwar Backups auf Online-Server, aber dazu mehr im nächsten Abschnitt.

Online/Cloud-Wallet

Ein Online-Wallet (gelegentlich auch als „Cloud-Wallet“ bezeichnet) ist ein webbasiertes Wallet, das die privaten Schlüssel auf einem Server verwahrt, der von einem externen Unternehmen verwaltet wird.

Der große Vorteil an dieser Art von Wallet ist die leichte Verfügbarkeit. Man braucht lediglich einen Webbrowser und muss sich nicht um die Sicherheit des privaten Schlüssels kümmern.

Der Nachteil hingegen ist, dass die privaten Schlüssel von besagten externen Unternehmen verwaltet werden und der Nutzer nicht selbst überprüfen kann, ob der Server sicher ist. Zudem hat der Anbieter theoretisch die volle Kontrolle über die Bestände der Kryptowährungen der Nutzer. Einige dieser Anbieter wurden bereits gehackt oder sind gar nicht mehr verfügbar. Sie sollten diese Dienste also lieber meiden, wenn es um größere Beträge und mittel- bis langfristige Strategien geht. Für kurzfristiges Trading sind diese jedoch brauchbar.

Hardware-Wallet

Wie der Name schon sagt, nutzt man eine Hardware zum Beispiel in Form eines USB-Wallets.

Diese Art der Wallets, die meist verschiedene Kryptowährungen gleichzeitig speichern können, sind bisher die sichersten Wallets. Sie haben den Vorteil, dass der private Schlüssel zum Zugriff auf die Wallet nur auf dem USB-Stick gespeichert ist. Als weiteres Sicherheitsmerkmal ist der Stick dann noch durch eine PIN-Nummer geschützt und kann nicht auf den Computer kopiert werden, selbst wenn dort ein Trojaner oder Computervirus installiert ist.

Eine sehr gute derzeit verfügbare Hardware-Wallet ist der Ledger nano S. Jeder, der größere Summen in Kryptowährungen investieren will, sollte sich so eine Hardware-Wallet holen. Diese Variante ist bequem in der Nutzung und vor allem sehr sicher.

Paper-Wallet

Eine Paper-Wallet ist eine der günstigsten und trotzdem sehr sicheren Methoden für die Aufbewahrung von Kryptowährungen beziehungsweise privaten Schlüsseln. Bei einer Paper-Wallet werden die öffentliche Adresse und der private Schlüssel einfach auf einem Blatt Papier ausgedruckt oder von Hand aufgeschrieben.

Es gibt verschiedene Programme für die Erstellung von Paper-Wallets. Die Programme erstellen eine öffentliche Adresse und einen zufälligen privaten Schlüssel für den Nutzer, die dieser anschließend ausdrucken oder aufschreiben kann. Da die Paper-Wallet offline aufbewahrt wird, können Cyberattacken ihr nichts anhaben.

Eine Paper-Wallet für Bitcoins mit den entsprechenden QR-Codes können Sie kostenlos und sicher auf bitaddress.org oder walletgenerator.net erstellen. Der Code kann jeweils von github heruntergeladen werden und läuft dann nur lokal in Ihrem Browser und der Webseitenbetreiber sieht die Daten nicht. Zur Sicherheit sollten Sie nach dem Aufruf der Webseite das Internet ausstellen, wenn Sie die Schlüssel erstellen. Analog zu dieser Lösung gibt es für andere Kryptowährungen ähnliche Varianten wie myetherwallet.com für Ethereum.

Die Paper-Wallet kann also offline generiert werden und benötigt keinen Internetanschluss. Diese Variante ist empfehlenswert, wenn Sie keinen regelmäßigen Zugriff benötigen und nur langfristig die Kryptowährungen halten wollen. Für den täglichen Handel als Daytrader hingegen ist die Handhabung sehr umständlich.

3.2.6 Das Startkapital für den Handel mit Kryptowährungen

Sie können bereits ab einem einzigen Euro mit dem direkten Handel beginnen. Auch wenn der aktuelle Bitcoin-Kurs beispielsweise bei 10.000 Euro liegt, können Sie für einen Euro auch 0.0001 Bitcoin erwerben und sofort vom Anstieg profitieren.

Beim indirekten Handel über CFD hingegen gibt es meist einen Mindesteinzahlungsbetrag, welcher bei rund 100 Euro beginnt und bis zu 10.000 Euro und mehr geht. Aber unabhängig von Ihrem gewählten Startkapital gibt es für jede Strategie und jedes Budget den passenden Anbieter. Einen ausführlichen Vergleich finden Sie auf ccinvestor.de.

Wichtig ist hier jedoch noch einmal der Hinweis: Handeln Sie bei Kryptowährungen immer nur mit Kapital, dessen Totalverlust Sie verkraften können. Kryptowährungen sind hochspekulativ und gehören derzeit zu den riskantesten Anlagen überhaupt. Dem enormen Wachstumspotential steht die Möglichkeit eines Totalverlustes gegenüber.

3.2.7 Der Zeitaufwand

Der Zeitaufwand hängt von Ihrer gewählten Strategie ab. Von einigen Minuten im Jahr bis hin zu täglich vielen Stunden ist alles möglich.

Wenn Sie langfristig investieren, sollten Sie mit rund ein bis zwei Stunden Zeitaufwand pro Monat rechnen. Es gibt auch die gute „Strategie“, einfach zu kaufen und zu vergessen und auf den großen Gewinn in einigen Jahren zu hoffen. Dies erfordert dann praktisch gar keinen regelmäßigen Zeitaufwand. Handeln Sie etwas langfristiger, ist der Zeitaufwand in der Regel geringer als beim kurzfristigen Handel. Schließlich müssen Sie sich über die aktuellen Entwicklungen einen Überblick verschaffen, die Positionen eröffnen und schließen. Ein konkreter Zeitaufwand lässt sich also nicht benennen. Eine Stunde pro Woche sollten Sie als Einsteiger mindestens einplanen, um sich über die aktuellen Marktgeschehnisse zu informieren. Wenn Sie sehr aktiv handeln wollen, sollten Sie mit mindestens einer Stunde pro Tag rechnen.

3.3 Kryptowährungen kaufen – die Marktplätze

Nachfolgend werden die unterschiedlichen Arten von Marktplätzen für den direkten und den indirekten Handel mit Kryptowährungen vorgestellt.

3.3.1 Marktplätze für den direkten Handel: Exchanges

Marktplätze für den direkten Handel von Kryptowährungen werden Exchanges genannt. Von diesen gibt es mittlerweile recht viele auf der ganzen Welt. Hier werden Kryptowährungen gegen andere Kryptowährungen oder Euro bzw. Dollar getauscht.

Der Handel funktioniert auf den großen Börsen in der Regel in Echtzeit, eine Orderausführung dauert oft nur wenige Sekunden. Wenn Sie sich bei einer dieser Exchanges registriert haben, können Sie einfach und bequem wie beim Online-Shopping kaufen und verkaufen. Der Ablauf ist immer wie folgt:

- Sie registrieren sich bei einer der Exchanges
- Sie verifizieren Ihren Account
- Sie zahlen Euro ein
- Sie tauschen die Euro gegen die Kryptowährung Ihrer Wahl

- Sie „halten“ die Kryptowährungen
- Sie verkaufen die Kryptowährung zu einem späteren Zeitpunkt wieder
- Sie zahlen die Erlöse aus dem Verkauf aus

In der Praxis sind dies nachher nur wenige Mausklicks, jedoch sollte man stets wissen, was man tut.

Die Exchanges sind oft nicht speziell reguliert und lediglich Plattformen, die Käufer und Verkäufer zusammenbringen und dafür sorgen, dass der aktuelle Kurs der jeweiligen Kryptowährung anhand von Angebot und Nachfrage berechnet wird.

Viele der Exchanges bieten mittlerweile eine integrierte Online-Wallet an. Mit dieser können die Kryptowährungen direkt über die Weboberfläche der Exchange verwaltet werden. Das ist natürlich gerade für Daytrader sehr komfortabel. Sie sollten aber aus Sicherheitsgründen niemals zu viel Geld bei einer Exchange lagern. Längerfristig gehaltene Kryptowährungen sollten Sie immer auf die eigene Wallet überweisen.

Je nach Exchange unterscheiden sich auch die Einzahlungsmöglichkeiten. Einige akzeptieren lediglich Kryptowährungen, bei anderen können Sie mit klassischen Währungen per Kreditkarte, Paypal, Giropay oder Überweisung bezahlen. Viele Altcoins können jedoch nur mit anderen Kryptowährungen wie Bitcoin oder Ethereum gekauft bzw. getauscht werden. In diesem Fall müssen Sie also zunächst Bitcoin mit Euro kaufen, ehe Sie die gewünschte Währung erwerben können.

Beim Kauf bzw. Verkauf über eine Exchange fallen Gebühren an. Diese setzen sich einerseits aus den Transaktionsgebühren zusammen und meist kommt noch eine Extra-Gebühr für die Exchange hinzu. Die Höhe der Gebühren hängt von der jeweils gehandelten Kryptowährung ab. Es kann beispielsweise günstiger sein, zunächst Ethereum zu kaufen und später dann andere Kryptowährungen, da hier die Transaktionsgebühren niedriger und die Überweisungen schneller sind als beim Bitcoin.

3.3.2 Markplätze für den indirekten Handel: Broker

Marktplätze für den indirekten Handel von Kryptowährungen, also über CFD oder Futures, sind durch Broker gekennzeichnet. Das Wort Broker stammt aus dem Englischen und bedeutet übersetzt Makler, Vermittler oder Zwischenhändler. Genau das tut ein Broker: Er vermittelt Ihre Kauf- und Verkaufsaufträge und verwaltet Ihre gekauften Finanzprodukte. Die Account-Eröffnung funktioniert ähnlich wie bei den Exchanges und geht meist innerhalb weniger Minuten. Der Broker benötigt dazu von Ihnen die üblichen Angaben wie Name oder Adresse und zusätzlich eine Risikoauskunft. Da die meisten der dort gehandelten Finanzprodukte zur höchsten Risikoklasse gehören, sichern sich die Broker mit dieser Risikoauskunft ab. Diese Angaben sind nicht prüfbar oder verbindlich, es ist also Ihrer ehrlichen Selbsteinschätzung überlassen, welches Risiko Sie sich zutrauen.

Die Broker sind im Gegensatz zu den Exchanges meist staatlich reguliert oder unterliegen verschiedenen Finanzaufsichtsbehörden. Deshalb bieten sie teilweise auch eine Einlagensicherung und verschiedenste weitere Finanzprodukte wie Aktien, welche Sie handeln können.

Wenn Sie einen CFD bei einem Broker kaufen, gibt es immer eine Differenz zwischen dem An- und dem Verkaufspreis. Diese Differenz wird auch Spread genannt und entspricht einer Gebühr, die Sie für Transaktionen zahlen. Informieren Sie sich, bevor Sie mit dem Handeln beginnen, welche Gebühren bei Ihrem Broker anfallen.

3.3.3 Die Aufgaben der Marktplätze

Die An- und Verkaufskurse der jeweiligen Marktplätze können sich stark unterscheiden, je nachdem, wie hoch die Nachfrage gerade ist. Aber allen Exchanges und Brokern ist gemeinsam, dass der Preis und alle Handelsaufträge für alle ersichtlich sind. Genauso wie die Blockchain selbst ist der Handel also völlig transparent.

Die Exchanges und die Broker haben folgende Aufgaben:

- bestmöglicher Ausgleich von Angebot und Nachfrage,
- Bereitstellung von Schnittstellen und Handelsplattformen
- Bereitstellung von Informationen über Preise, Waren und Umsatz.

Eine weitere Aufgabe der Exchanges und der Broker ist der Verifizierungsprozess. Dieser Verifizierungsprozess erfordert meist die Kopie Ihres Ausweises und den Nachweis Ihres Wohnsitzes anhand einer aktuellen Stromrechnung beispielsweise. Hier wird bereits deutlich, dass die viel erwähnte Anonymität von Kryptowährungen nur teilweise gegeben ist. Spätestens, wenn Sie diese in normales Geld umwechseln wollen, müssen Sie Ihre Daten angeben.

3.4 Margintrading und Hebel

Margintrading bedeutet, dass Sie nicht den vollen Betrag der Kryptowährungen, die Sie handeln, einzahlen müssen, sondern nur einen Teil. Dieser Teil wird „Sicherheitsleistung“ oder auch „Margin“ genannt. Der Hebel gibt das Verhältnis zwischen Sicherheitsleistung und Gesamtwert der Position an.

Margintrading funktioniert über den indirekten Handel mittels CFD, aber auch auf einigen Exchanges haben Sie die Möglichkeit, gehebelt zu handeln. An einem Rechenbeispiel werde ich kurz die Begriffe Hebel und Margin erläutern und auch, was ein Hebelprodukt ist.

Wenn Sie einen Bitcoin auf „normale Weise“ direkt für 10.000 Euro kaufen, der Kurswert um 10 % steigt und Sie den Bitcoin wieder verkaufen, haben Sie einen Gewinn von 10 % des eingesetzten Kapitals, also 1.000 Euro erzielt. (Steuern und Gebühren werden im Beispiel der Einfachheit halber vernachlässigt).

Auch bei einem Broker können Sie auf den Bitcoin spekulieren. Bei einem Hebelprodukt – wie einem CFD – zahlen Sie allerdings nicht den vollen Kaufpreis ein, sondern nur eine Sicherheitsleistung (Margin genannt).

Bei den meisten CFD auf Bitcoin liegt diese in der Regel bei 5 % (Ethereum z. B. 25 %, jeweils abhängig vom Risiko). Sie müssen für den Kauf eines Bitcoin-CFD also nur 5 % Margin, in diesem Beispiel also 500 Euro, einzahlen. Die 10.000 Euro geteilt durch die 500 ergibt 20. Diese 20 sind der Hebel. Ihr eingesetztes Kapital wird also mit 20 multipliziert (gehebelt).

Wer das Hebelgesetz aus der Physik kennt, weiß, dass man mit Hilfe eines Hebels die eingesetzte Kraft verstärken kann. Das Gleiche passiert hier mit Ihrem Geld. Mit weniger Kapital können Sie viel größere Summen handeln.

Wenn Sie jetzt also diesen CFD auf den Bitcoin gekauft haben und dieser wieder um 10 % steigt, haben Sie mit 500 Euro eingesetztem Kapital ebenfalls 1.000 Euro Gewinn erzielt, wie vorher mit 10.000 Euro Kapital. Hätten Sie 10.000 Euro hinterlegt, läge der erzielte Gewinn sogar bei 20.000 Euro. Durch den Hebel von 20 erzielen Sie auch den 20fachen Gewinn. (Sie können natürlich auch 0.1 Bitcoin kaufen und müssen dann nur 50 Euro als Margin einzahlen.)

Der Haken: Sollte der Bitcoin-Kurs sich ungünstig entwickeln und an Wert verlieren, erhöht sich auch der Verlust um das 20fache! Aufgrund des erhöhten Risikos sind alle Hebelprodukte auch in die höheren Risikoklassen der Banken eingestuft. Ein Totalverlust ist möglich. Achten Sie daher auf ein gutes Risikomanagement.

Hebelprodukte sind insbesondere für Daytrader interessant. Daytrader handeln meist kurzfristig. Oft werden Positionen innerhalb eines Tages wieder geschlossen. Da die Schwankungen im Kurs innerhalb eines Tages normalerweise relativ klein sind, hilft der Hebel, trotzdem hohe Gewinne zu erzielen. Die Schwankungen von Kryptowährungen sind im Vergleich zu normalen Aktien übrigens sehr hoch.

Sie können Hebelprodukte aber auch für den langfristigen Handel verwenden und beliebig lange halten. Da die Differenz aus dem realen Betrag und der Sicherheitsleistung jedoch einem Kredit entspricht, auf den Sie auch Zinsen zahlen, empfiehlt es sich, den Hebel zu verkleinern, je länger Sie die Position geöffnet haben.

Der große Vorteil von Margintrading ist, dass weniger Kapital gebunden ist und Sie mehr Handelsspielraum haben. Da Sie nur einen Teil des Geldes hinterlegen müssen, können Sie zum Beispiel weitere Kryptowährungen kaufen und auf diese Weise diversifizieren.

3.5 Von steigenden und fallenden Kursen profitieren

Die Besonderheit am Margintrading ist das in der Finanzwelt wichtige Konzept von Long und Short. Mit fast allen Hebelprodukten können Sie sowohl von fallenden als auch von steigenden Kursen profitieren. Im Idealfall profitieren Sie also immer oder aber sichern Ihre langfristigen Positionen zumindest gegen kurzfristige Schwankungen ab.

3.5.1 Long gehen

Long gehen bedeutet, dass Sie profitieren, wenn ein Kurs steigt. Also ganz klassisch wie bei fast allen Wirtschaftsgütern, wenn Sie beispielsweise einen Bitcoin kaufen und darauf spekulieren, dass dieser im Wert steigt, gehen Sie im Börsenjargon „long“. Sie nehmen die Käufer-Position ein und dieses „Long gehen“ wird auch als Call bezeichnet.

3.5.2 Short gehen

Short gehen, auch PUT genannt, ist der Begriff dafür, dass Sie davon profitieren, wenn der Kurs fällt. Die Grundidee dahinter ist, dass CFD oder Kryptowährungen ohnehin nur virtuell sind. Es sind Zahlen auf einem Bankcomputer oder in der Blockchain irgendwo auf der Welt. Deshalb können Sie, wenn Sie „Short gehen“, mit geliehenen Bitcoins handeln, welche Sie erst zu einem späteren Zeitpunkt kaufen.

Nehmen wir als Beispiel wieder einen Bitcoin. Der erste Schritt ist, dass Sie einen Bitcoin verkaufen. Der Punkt an der Sache ist, dass Sie diesen noch gar nicht besitzen, sondern nur gegen Zinsen von Ihrem Broker ausleihen mit dem Versprechen, diesen später zurückzugeben. Jetzt verkaufen Sie diesen Bitcoin, den Sie sich geliehen haben, für 3.000 Euro an eine dritte Person. Weil ein großer Bankenchef am Tag Ihres Verkaufes schlechte Presse für den Bitcoin macht, fällt dessen Kurs auf 2.500 Euro. Jetzt erst kaufen Sie den Bitcoin wirklich für 2.500 Euro und geben diesen an Ihren Broker zurück. Diesem schulden Sie ja noch einen. Da Sie aber vorher für 3.000 Euro verkauft haben und jetzt lediglich 2.500 für den Kauf bezahlt haben, bleiben ungefähr 500 Euro Gewinn. „Ungefähr“ deshalb, weil für jede Transaktion Gebühren anfallen (Spread genannt – die Differenz aus An- und Verkaufspreis) und wenn Sie beispielsweise erst am nächsten Tag den Bitcoin zurückgeben, kommen noch Zinsen dazu.

Diese Art der Geschäfte wird auch Leerverkauf genannt, da Sie etwas verkaufen, was Sie nicht haben. Alle großen Hedgefonds und auch die meisten Banken machen derartige Geschäfte regelmäßig.

Was hier alles relativ kompliziert klingt, ist in der Praxis nachher nur der Klick auf einen Button. Wichtig ist nur, dass Sie die Hintergründe von dem, was da passiert, verstehen, da es essentielle Mechanismen sind, die ganze Finanzkrisen auslösen können. Dieses Konzept von Long und Short ist für andere Finanzprodukte ebenso gültig, beispielsweise CFD auf Aktien oder beim Handel mit Rohstoffen.

3.6 Arten von Ordern

Nachdem Sie jetzt wissen, wo Sie handeln, und einen Überblick darüber haben, auf welche Arten Sie handeln können, betrachten wir jetzt den Kauf im Detail.

Ein Kauf- bzw. Verkaufsauftrag wird an einer Exchange, wie an der Börse auch, eine Order genannt. Es gibt verschiedene Arten, wie Sie eine Order platzieren können. Nachfolgend stelle ich Ihnen die wichtigsten davon vor. In diesem Buch werden die gebräuchlichen englischen Bezeichnungen verwendet, da viele Exchanges nur auf Englisch verfügbar sind.

3.6.1 Die Market-Order

Eine Market-Order ist ein Auftrag, der sofort zum besten aktuellen Marktpreis ausgeführt wird. Wenn Sie also einen Bitcoin kaufen möchten und eine Market-Order platzieren, wird nach einem oder mehreren Verkäufern gesucht, um Ihre Order sofort zu erfüllen. Hierbei kann es vorkommen, dass Sie 0,5 Bitcoin von einem Verkäufer und die anderen 0,5 Bitcoin von einem anderen zu unterschiedlichen Preisen kaufen. Der Preis einer Market-Order kann, insbesondere an kleinen Exchanges mit geringem Handelsvolumen, enorm schwanken. Jedoch wird beim Kauf immer darauf geachtet, den derzeit niedrigsten Preis zu erhalten und analog dazu beim Verkauf von Kryptowährungen wird entsprechend immer versucht, zu einem höchstmöglichen Preis zu verkaufen.

Eine Market-Order verwenden Sie, um schnell auf ein aktuelles

Ereignis zu reagieren. Wenn ein Land beispielsweise ankündigen würde, Bitcoins offiziell als Währung anzuerkennen, könnten Sie kurzfristig hohe Gewinne erzielen. Je schneller Sie dabei wären, desto günstiger wäre vermutlich der Kurs.

Als Einsteiger sollten Sie die Market-Order meiden. Diese ist die Ursache der meisten impulsiven und spontanen Trades. Nehmen Sie stattdessen die Limit-Order oder die Stop-Buy-Order und setzen Sie entsprechende Stop-Ordern gleich dazu. Passen Sie diese konkret an Ihre Strategie an, legen Sie Einstieg und Stopps vorher fest und bleiben Sie auch dabei. Das hilft Ihnen, Ihre Emotionen während des Tradens zu kontrollieren. Sie können beispielsweise am Morgen den Chart analysieren und dann die entsprechenden Ordern für den Tag platzieren. Wenn der Kurs über 100 Euro steigt, soll automatisch gekauft werden mit einem Stop Loss von 90 Euro. Sollte der Kurs jedoch auf unter 90 Euro fallen gehen Sie Short mit einem Stop Loss von 100 Euro. So stellen Sie sicher, dass Sie Ihre Strategie einhalten.

3.6.2 Die Limit-Order

Bei der Limit-Order legen Sie im Vorfeld den maximalen Kaufpreis bzw. den minimalen Verkaufspreis fest. Die Limit-Order wird verwendet, wenn Sie einen Bitcoin sofort kaufen wollen, aber nur bereit sind, einen gewissen Preis dafür auszugeben bzw. mindestens diesen Preis beim Verkauf erhalten wollen. Wenn zu diesem Preis kein Handel zustande kommt, verfällt die Order nach Ablauf ihrer Gültigkeit. Die Limit-Order eignet sich in Märkten, die großen Schwankungen unterliegen, wenn eine sofortige Ausführung nicht wichtig ist.

3.6.3 Die Stop-Order

Die Stop-Order schließt automatisch eine offene Position, wenn ein vorher festgelegter Marktpreis erreicht ist. Dieses Schließen einer Position wird auch „glatt stellen“ genannt und erfolgt durch eine Market-Order zum jeweiligen Marktpreis. Es gibt drei Gründe, eine offene Position durch eine Stop-Order schließen zu lassen:

Erstens: Sie können zum einen Ihre Verluste begrenzen (Stop Loss Order). Dazu legen Sie im Vorfeld einen Kurs fest, zu dem wieder verkauft wird, beispielsweise der automatische Verkauf, wenn der Bitcoin um 10 % im Wert gefallen ist. So können Sie nie mehr als 10 % Ihres eingesetzten Kapitals verlieren.

Zweitens: Sie können mit der Stop-Order Ihre Gewinne sichern (Take Profit Order), indem Sie im Vorfeld festlegen, dass Ihr Bitcoin automatisch wieder verkauft wird, nachdem dieser im Wert um 20 % gestiegen ist.

Drittens: Die Möglichkeit der Mitnahme von Gewinnen. In diesem Fall verkaufen Sie nach einem Anstieg nur einen Teil Ihres Bitcoins. Dies ist besonders sinnvoll, wenn es zu kurzen Kursschwankungen kommt.

Diese drei Stops sind ein wichtiges Mittel, um Handelsstrategien umzusetzen und Ihr Risikomanagement einzuhalten. Sie müssen dadurch den Markt auch nicht permanent beobachten, nachdem Sie einmalig die Ordern entsprechend eingerichtet haben.

Die Stop-Order hat eine gerade von Einsteigern oft unterschätzte Bedeutung. Egal, wie gut Ihre Einstiege sind, ohne den richtigen Verkaufszeitpunkt können Sie nicht gewinnen. Die Stop-Order stellt praktisch das Ziel Ihres Handels dar, welches es zu erreichen gilt.

Wenn sich in kurzfristigen Zeiteinheiten kein Stop finden lässt, suchen Sie passende Stop-Kurse auf höheren Zeiteinheiten. Widerstände, Unterstützungen oder Trendwenden eignen sich gut.

Hinweis: Setzen Sie immer einen Stop Loss.

3.6.4 Die Trailing-Stop-Order

Eine Trailing-Stop-Order ist eine Stop-Order, welche den Kurs, zu dem die Position geschlossen wird, automatisch der aktuellen Kursentwicklung nachzieht. Aus diesem Nachziehen leitet sich auch der Name „Trailing Stop" ab (to trail something: etwas hinter sich herziehen).

Bei einer Trailing-Stop-Order definieren Sie im Vorfeld einen Abstand in Punkten, Prozenten oder Euro. Sie kaufen also beispielsweise einen Bitcoin für 3.000 Euro und definieren den Trailing-Stop mit einem Abstand von 100 Euro. Wenn der Bitcoin jetzt auf 3.101 Euro steigt, wird der Trailing-Stop aktiv und setzt eine Stop-Order auf 3.001 Euro. Wenn der Bitcoin dann weiter auf 3.500 Euro steigt, wird die Stop-Order automatisch auf 3.401 Euro nachgezogen. Wenn der Bitcoin dann aber wieder auf 3.450 Euro fällt, würde die Stop-Order bei 3.401 Euro bestehen bleiben und wenn der Bitcoin unter den Kurs von 3.401 Euro fallen würde, wird die Position zum aktuellen Marktpreis geschlossen.

Eine Trailing-Stop-Order eignet sich bei einem kurzzeitigen Ausbruch aufgrund aktueller Nachrichten, um bei begrenztem Risiko maximal zu profitieren. Ich empfehle aber, nicht mit automatischen Trailing-Stops zu arbeiten, da diese sich nicht am Marktgeschehen orientieren wie der Volatilität oder dem Trendverlauf. Ziehen Sie Ihre Stopps daher besser manuell nach. Trailing-Stops werden auch von den meisten Exchanges für Kryptowährungen derzeit nicht unterstützt.

3.6.5 Die Stop-Buy-Order / Stop-Sell-Order

Die Stop-Buy-Order hat einen ungünstig gewählten Namen. Genaugenommen wäre Buy-Start-Order wohl passender. Sie wird verwendet, um im Vorfeld Einstiegskurse zu definieren, die sowohl über als auch unter dem aktuellen Kurs liegen können. Wenn dieser Einstiegskurs erreicht wird, wird eine Market-Order platziert.

Wenn Sie beispielsweise davon ausgehen, dass der Bitcoin noch einmal auf 8.000 Euro fällt, können Sie automatisch zu diesem Zeitpunkt eine Kauforder auslösen. Dies ist gut geeignet, wenn Sie beispielsweise beim Erreichen eines Preises automatisch handeln wollen, aber den Markt nicht permanent beobachten können. Die Stop-Sell-Order ist identisch dazu, aber sie eröffnet eine Short Position.

3.7 Gültigkeit von Ordern

Eine am Markt platzierte Order hat eine der folgenden Gültigkeiten. Mit Gültigkeit ist der Zeitraum gemeint, in dem die Order aktiv ist und bei Eintreten der Bedingung ausgeführt wird. Anschließend wird die Order automatisch gelöscht. Beim direkten Kauf an einer Exchange können Sie jedoch nicht immer eine Frist einstellen.

3.7.1 Gültig bis auf Widerruf (GTC)

Gültig bis auf Widerruf, auch Good Till Cancelled (GTC), entspricht einer Order, die solange gültig ist, bis Sie diese manuell wieder entfernen. Dies umfasst mehrere Handelstage oder -jahre. Einige Broker haben hier eine maximale Dauer festgelegt, um ihre Orderbücher nicht zu überfüllen. Prüfen Sie dazu die allgemeinen Geschäftsbedingungen Ihrer Exchange/Ihres Brokers.

3.7.2 Gültig für den aktuellen Handelstag (GFT)

Diese Order (Good For Today) bleibt bestehen, bis der aktuelle Handelstag beendet ist, also durch Börsenschluss beispielsweise. Prüfen Sie hier vorher bei Ihrem Broker, wann der gewählte Markt schließt.

3.7.3 Gültig bis Datum (GTD)

Diese Order (Good Till Date) bleibt solange bestehen, bis das angegebene Datum erreicht ist. Wenn sie bis dahin nicht gefüllt werden konnte, wird sie gelöscht.

3.8 Erfolgreiches Risikomanagement beim Handel mit Kryptowährungen

Risikomanagement ist einer der wichtigsten Faktoren für erfolgreiches Daytrading und Investieren mit Kryptowährungen. Risikomanagement bedeutet in Kurzfassung, dass Sie Ihre Verluste begrenzen. Das ist einer der wenigen Teile des Handels, über den Sie wirklich die volle Kontrolle haben. Sie können nicht beeinflussen, wie hoch ein Kurs steigt, aber Sie können festlegen, dass Sie nie mehr als einen festgelegten Betrag verlieren. Der richtige Einsteig ist nur die Hälfte eines Handels. Ihr Ziel ist der richtige Stop. Hoffentlich mit hohen Gewinnen, aber wenn nicht, dann wenigstens nur mit kleinen Verlusten. Daytrading und Investieren ohne Risikomanagement ist Glücksspiel. Auch beim Glücksspiel können Sie natürlich Gewinne erzielen. Ein gutes Risikomanagement entscheidet jedoch auf lange Sicht, ob Sie an der Börse gewinnen oder verlieren. Risikomanagement hilft Ihnen, Ihre Verluste und die maximalen Verluste zu beschränken, im Englischen auch Drawdown und max. Drawdown genannt. Ein Verlust ist der Betrag, den Sie während eines negativen Trades verlieren. Der maximale Verlust bezieht sich nicht auf einen Handel, sondern auf mehrere Verluste hintereinander.

Nehmen wir an, Sie haben eine Strategie, welche zu 80 % richtig liegt, und Sie führen 100 Trades durch. 20 dieser Trades werden Sie also Geld kosten und Ihr Startkapital verringern. Jetzt wissen Sie aber vorher nicht, welche der 100 Trades verlieren. Es könnte ja auch passieren, dass die ersten 20 Trades Verlust machen, aber die folgenden 80 Trades Gewinne erzielen. Diese 20 Trades multipliziert mit dem durchschnittlichen Verlust aus einem einzelnen Handel ergibt den maximalen Verlust einer Strategie. Jetzt wäre es doch ärgerlich, wenn nach diesen 20 Trades Ihr Kapital erschöpft wäre, kurz bevor die 80 Gewinn-Trades anstehen. Deshalb überwachen Sie konstant die prozentuale Gewinnrate Ihrer Strategie und passen Sie den Verlust pro Trade durch entsprechende Stop Losses an.

Eine gute Empfehlung ist es, als Einsteiger maximal 0,5-2 % des Gesamtkapitals pro Trade zu riskieren.

Rechenbeispiel: Sie haben 10.000 Euro Kapital und wollen 4 Bitcoins zu einem Kurs von 2.500 Euro kaufen. 2 % Risiko von 10.000 Euro sind 200 Euro. Diese 200 Euro geteilt durch die 4 Bitcoins ergibt einen maximalen Kursverlust pro Bitcoin von 50 Euro. Sie würden also einen Stop Loss bei einem Kurs von 2.450 Euro setzen. Wenn Ihre Strategie den Stop Loss jedoch bei 2.400 Euro vorsieht, sollte die Strategie unbedingt eingehalten werden. In diesem Fall würden Sie die Positionsgröße verringern und weniger Bitcoins kaufen. Es ist außerdem ein Grundprinzip beim Trading, dass Kapitalerhalt immer Vorrang hat. Deshalb ist es gerade für Einsteiger sinnvoll, weniger als diese 2 % zu riskieren, eher 0,5 % bis 1 %.

Neben dem Begrenzen der Verluste können Sie auch Take Profits setzen. Dieser Punkt ist jedoch stark abhängig von Ihrer Strategie. Interessant ist hier das Gewinn/Verlust-Verhältnis (Reward to Risk Ratio). Wenn Sie 50 Euro pro Bitcoin riskieren und einen Take Profit bei 100 Euro Gewinn setzen, haben Sie ein Gewinn/Verlust-Verhältnis von 2:1. Ihre Strategie wäre also selbst dann noch profitabel, wenn Sie bei mehr als der Hälfte aller Trades falsch liegen. Natürlich gilt es hier immer noch, die Transaktionskosten und mögliche längere Verluststrecken zu beachten. Aber das Prinzip sollte klar sein: Achten Sie auf eine gutes Gewinn/Verlust-Verhältnis, das zu Ihrer Strategie passt. In den meisten Fällen sollte Ihr Gewinn mindestens das 1.5-fache des Verlustes betragen.

3.9 Handeln Sie eine feste Positionsgröße

Handeln Sie immer eine feste Positionsgröße. Einer der häufigsten Einsteigerfehler ist, wenn Sie die Größe der gehandelten Position ändern. Sie handeln einmal 0,5 Bitcoins und am nächsten Tag 2, den einen Tag 10 Ethereum, den nächsten Tag 50.

Zunächst seien folgende wichtige Punkte noch einmal gesagt: Bestimmen Sie Ihre Positionsgröße anhand Ihres Risikomanagements und Ihrer Strategie. Riskieren Sie nur so viel, wie Sie es sich leisten können und wollen und wählen Sie stets einen Betrag, mit dem Sie sich wohlfühlen. Wenn Ihre Strategie größere Schwankungen einplant, wählen Sie auch entsprechend kleinere Positionen. Aber innerhalb einer Strategie und eines Marktes sollten Sie bei einer Positionsgröße bleiben.

Häufig traden Einsteiger, wenn sie sich besonders sicher sind oder weil sie Verluste ausgleichen wollen, größere Positionen. Dies ist einer der sichersten Wege, das Trading-Konto zu leeren. Nehmen wir an, Sie lagen richtig und der Trade wirft einen großen Profit ab, denken Sie, es wird einfach, danach wieder die kleineren Positionen und die kleinen Profite zu traden? Die Erfahrung zeigt, dass dem nicht so ist. Sie werden bei den größeren Positionen bleiben - und ohne richtiges Risikomanagement früher oder später beim ersten Verlust wird Ihr Handelskonto große Verluste erleiden.

Ein weiteres Szenario ist mindestens genau so häufig. Viele Trader erzielen konstant gute kleine Gewinne, nur um dann mit einem größeren Trade wieder alles zu verlieren. Sie müssen dann noch einen großen Trade riskieren, nur um den vorherigen wieder hereinzuholen und so weiter. Selbst wenn Sie aus Vorsicht nach einem Verlusttrade die Positionsgröße reduzieren, nur um nicht noch einmal so viel zu verlieren, hat dies den Effekt, dass Sie eventuell diesmal richtig lagen, aber nicht so viel Gewinn erzielen, wie Sie vorher verloren haben. Sie sehen sicher schon, wohin das führt. Wechselnde Positionsgrößen sind in den meisten Fällen der Untergang. Traden Sie solange mit einer festgelegten Positionsgröße, bis Ihr Risikomanagement eine Erhöhung zulässt und Sie mindestens 100 Trades oder einen längeren Zeitraum mit der aktuellen Positionsgröße Erfolg hatten. Dieser Zeitraum muss lang genug sein, um auszuschließen, dass Sie nur eine Glücksphase in Ihrer Strategie hatten.

4

Der Kurs

Bevor wir in den praktischen Handel von Kryptowährungen einsteigen, schauen wir uns an, wie der Preis einer Kryptowährung eigentlich entsteht. Der Preis zu einem bestimmten Zeitpunkt wird auch als Kurs einer Kryptowährung bezeichnet. Der Einfachheit halber werden die meisten der nachfolgenden Beispiele wieder am Bitcoin demonstriert, sind jedoch für die meisten Währungen und Handelsplattformen gültig. In diesem Kapitel erfahren Sie, zu welchem Zeitpunkt Sie kaufen bzw. verkaufen sollten. Dazu betrachten wir, wie ein Kurs entsteht, was einen Kurs verändert, wie ein Kurs sich verhält und wie dieser analysiert werden kann. Dieses Wissen ist insbesondere für den kurzfristigen Handel wichtig, aber kann auch für den langfristigen Handel von Vorteil sein, wenn Sie einen guten Einstiegszeitpunkt suchen.

Wir betrachten im Rahmen des Buches und als Trader meist den US-Dollar-Kurs. Die meisten größeren Handelsplattformen sind in Dollar und das Handelsvolumen in Dollar ist wesentlich höher. Für viele kleinere Altcoins gibt es gar keinen Euro-Kurs. Von daher rate ich, auch immer mit dem Dollar-Kurs zu arbeiten.

4.1 Die Entstehung eines Kurses

Wann ist der richtige Zeitpunkt, um eine Order zu platzieren? Die Antwort ist: Immer, wenn Bewegung im Markt ist und der Kurs Schwankungen unterliegt. Denn von genau diesen Kursänderungen wollen wir profitieren. Das Gute an Kryptowährungen ist, dass der Markt fast immer starken Schwankungen unterliegt.

Wenn ein Kurs großen Schwankungen in einem kurzen Zeitraum unterliegt, spricht man auch von einem volatilen Markt. Um zu verstehen, warum ein Kurs Schwankungen unterliegt, sehen wir uns am Beispiel des Bitcoins an, wie der Kurs entsteht. Die genaue Implementierung des vorgestellten Algorithmus kann dabei bei den unterschiedlichen Exchanges leicht abweichen, doch das Prinzip ist ähnlich.

In dem Abschnitt zu dem Thema Marktplätzen/Börsen steht als erste Aufgabe eines Exchanges: Bestmöglicher Ausgleich von Angebot und Nachfrage. Bestmöglich bedeutet hier, dass eine möglichst große Anzahl an Kryptowährungen den Nutzer wechselt, also ein möglichst hoher Umsatz erfolgt.

Die Exchanges führen dazu ein Orderbuch. In diesem werden alle Angebote (Verkaufsorder) und Nachfragen (Kaufordern) eingetragen. Wenn für eine Kryptowährung viele Kauf- und Verkaufsordern eingehen, spricht man von einem liquiden Markt. Die folgende Tabelle zeigt ein mögliches Orderbuch einer Exchange für den Bitcoin. In der linken Spalte im Beispiel sehen Sie die möglichen Preise für den aktuellen Bitcoinkurs, die sich aus den einzelnen Aufträgen im Orderbuch ergeben. Außerdem sehen Sie die Anzahl der Bitcoins und die Art der Order (vgl. Sie hierzu die verschiedenen Orderarten).

Kurs	Angebot	Nachfrage
4.990 $		
5.000 $	1: 10 Bitcoins, Limit	2: 1 Bitcoin, Limit
5.010 $		3: 20 Stück, Bitcoins
5.040 $	4: 9 Bitcoins, Market	5: 15 Bitcoins, Market
5.040 $	6: 50 Bitcoins, Market	7: 25 Bitcoins, Market
5.050 $	8: 10 Bitcoins, Limit	9: 7 Stück, Limit
6.000 $	10: 40 Stück, Limit	

Diese Tabelle werden wir uns jetzt genauer ansehen. Diese Tabelle kann das stark vereinfachte Orderbuch einer Exchange zu einem beliebigen Zeitpunkt darstellen. Der aktuelle Bitcoin-Kurs beträgt 5.040 $. Jetzt wurden die zehn in der Tabelle enthaltenen Aufträge platziert. Diese Exchange hat jetzt die Aufgabe, einen Kurs zu finden, zu dem die meisten Bitcoins ihren Besitzer wechseln. Dazu wird für jeden möglichen Kurs der Umsatz berechnet. Beginnen wir mit dem Kurs von 4.990 $. Hier liegen keine Aufträge vor, trotzdem würden die Market-Ordern auch zu diesem Preis erfüllt werden. Market-Order bedeutet ja, dass die Order sofort und zu jedem Preis ausgeführt wird. Auf der Angebotsseite hätten wir dann also 59 Bitcoins. Die Summe aus den Market-Ordern 4 und 6. Auf Nachfrageseite wären es 68 Bitcoins. Egal ob Market- oder Limit-Order, jeder kauft natürlich gerne so günstig wie möglich, daher würden alle Kaufordern zu dem Preis von 4.990 $ erfüllt werden.

Betrachten wir jetzt die zweite Zeile mit einem Kurs von 5.000 $. Zu einem Kurs von 5.000 $ wären 69 Bitcoins verfügbar. Dieser Wert ergibt sich aus der Summe der Aufträge 1, 4, und 6. Auf der Nachfrageseite haben wir bei einem Kurs von 5.000 $ die Kaufordern 2, 3, 5, 7 und 9, also würden immer noch 68 Bitcoins zu einem Preis von 5.000 $ nachgefragt werden.

Zu einem Kurs von 5.010 $ wären es auf der Angebotsseite immer noch 69 Bitcoins. Der Auftrag 1 hatte angegeben, dass er für minimal 5.000 $ seine 10 Bitcoins verkaufen möchte, aber würde natürlich auch 5.010 $ akzeptieren. Auf der Nachfrageseite sind es jetzt jedoch nur noch 67 Bitcoins, da die Limit-Order 2 wegfällt, da diese maximal 5.000 $ bezahlen wollte.

Weiter geht es mit dem Kurs von 5.040 $. Aufträge 1, 4 und 6 wären bereit, für 5.040 $ zu verkaufen, das ergibt 69 Bitcoins auf der Angebotsseite. Die Nachfrageseite reduziert sich jedoch um die Verkaufsorder 3. Dieser wollte maximal 5.010 $ ausgeben. Es bleiben also 47 Bitcoins, die zum Preis von 5.040 $ nachgefragt werden.

Zu einem Kurs von 5.050 $ würden jetzt 79 Bitcoins auf der Angebotsseite stehen, da die Bitcoins von Order 8, die mindestens 5.050 $ haben möchte, hinzukommen. Die Nachfrage bleibt weiterhin bei 47.

Abschließend sehen wir in der letzten Zeile noch die Limit-Verkaufsorder 10, welche 40 Bitcoins zu einem Kurs von 6.000 $ verkaufen möchte. Hier hat vielleicht jemand vor dem Urlaub schnell noch darauf spekuliert, dass die Bitcoins während seiner Abwesenheit deutlich steigen und deshalb die Verkaufsorder etwas höher angesetzt. Insgesamt wären jetzt also 119 Bitcoins zu einem Preis von 6.000 $ verfügbar. Auf der Nachfrageseite hätten wir die Aufträge 5 und 7, zusammen also 40 Bitcoins. Sie sehen hier schon das Risiko von Market-Ordern, diese werden immer zum aktuellen Marktpreis ausgeführt, egal wie hoch dieser ist. Wenn also kein günstigeres Angebot vorhanden ist, kann es sein, dass Sie auch 6.000 $ für Ihre Bitcoins zahlen, obwohl der Kurs aktuell noch deutlich günstiger war. Davon sind besonders nicht so liquide Kryptowährungen betroffen wie kleinere Altcoins, deren Ordervolumen sehr gering ist.

Kurs	Angebot	Nachfrage	Umsatz
4.990 $	59	68	59
5.000 $	69	68	68
5.010 $	69	67	67
5.040 $	69	47	47
5.050 $	79	47	47
6.000 $	119	40	40

In der zweiten Tabelle sehen Sie die Umsätze zu den jeweiligen Kursen ergänzt. In der Angebotsspalte sehen Sie die Summe aller zu diesem Kurs verfügbaren Bitcoins und in der Nachfragespalte die Summe aller zu diesem Kurs nachgefragten Bitcoins. Der Umsatz ergibt sich dann jeweils aus dem kleineren der beiden Werte.

Die Aufgabe der Exchange war der bestmögliche Ausgleich von Angebot und Nachfrage, also suchen wir jetzt die Zeile mit dem höchsten Umsatz und können so den aktuellen Bitcoin-Kurs bestimmen. Der aktuelle Kurs liegt also bei 5.000 $, da 68 Bitcoins den Besitzer wechseln. Die entsprechenden Aufträge würden dann zu diesem Kurs erfüllt werden, und dann beginnt dieser Prozess von neuem und ein neuer Kurs wird berechnet. Da der Kurs zum Ausgangszeitpunkt des Beispiels bei 5.040 $ lag, würde der Kurs also um 40 $ fallen.

Die kleinste Zeiteinheit bei den Exchanges sind sogenannte Ticks. Je nach Handelsoberfläche können Sie sich die Orderbücher und einen Tickchart anzeigen lassen. Dieser Tickchart zeigt die jeweils aktuellsten Kursstellungen der Exchange. Innerhalb eines Tickets erfolgt dieser gezeigte Prozess zur Berechnung des Kurses. Dann kommen die neuen Aufträge herein und mit dem nächsten Tick wird wieder ein neuer Kurs berechnet und so weiter. Das Ganze erfolgt dabei im Millisekundentakt, abhängig davon, wie liquide der Markt ist. Wenn es sich um eine sehr kleine Kryptowährung handelt, kann es auch passieren, dass den ganzen Tag über kein neuer Kurs gestellt wird, da niemand diesen kaufen will. Dementsprechend würde der Kurs still stehen, bis neue Ordern eintreffen. Gerade bei solchen wenig nachgefragten Kryptowährungen ist die Gefahr also besonders hoch, dass es durch eine ungünstig platzierte Market-Order zu erheblichen Preisschwankungen kommt.

4.2 Die Ursache von Kursänderungen

Warum bietet jemand 10 $ mehr für einen Bitcoin und warum will ein anderer diesen unbedingt verkaufen? Weil unterschiedliche Menschen dem Bitcoin zu einem bestimmten Zeitpunkt einen unterschiedlichen Wert beimessen. Der dänische Philosoph Søren Aabye Kierkegaard sagte einmal: „Man kann das Leben nur rückwärts verstehen, aber leben muss man es vorwärts.“ Dieses Rückwärtsverstehen ist an der Börse und den Exchanges aber häufig ein Problem, eine Illusion, der wir erliegen. Wenn der Kurs einer Kryptowährung abgestürzt ist, ist es hinterher leicht, ein passendes Ereignis als Auslöser zu finden. Nur vorwärts klappt das viel zu selten. Fakt ist, die Beweggründe der einzelnen Käufer und Verkäufer kennen wir nicht und werden diese auch nicht herausfinden.

Der eine mag wegen Insiderinformationen verkaufen, der andere hat einen Artikel in der Zeitung gelesen und kauft deshalb. Einer hat die Zeitung nicht gelesen und verkauft oder wurde ausgestoppt, nachdem er bereits Gewinne mitgenommen hat. Vielleicht handelt Ihr Gegenüber auf einer ganz anderen Zeiteinheit und ist eher an langfristigen Gewinnen interessiert, während Sie die Tagesschwankung sehen. Ein großer Investor will sein Portfolio diversifizieren und investiert in eine Kryptowährung, auf einmal steigt der Kurs ganz ohne Nachricht. All das passiert, all das beeinflusst den Kursverlauf, aber all das wird uns immer ein Rätsel bleiben. Konzentrieren wir uns jetzt also auf die wirklich wichtige Frage: Wohin geht der Kurs als nächstes und wann tut er das?

4.3 Der Verlauf eines Kurses

Ein Kurs kann in drei Richtungen verlaufen: er steigt, er fällt oder er bewegt sich seitwärts. Die Richtung eines Kurses wird „Trend" genannt. Dementsprechend spricht man von Aufwärtstrend, Abwärtstrend und Seitwärtstrend.

Abbildung 1: Aufwärtstrend im Bitcoin/US-Dollar-Kurs

4.3.1 Der Aufwärtstrend

Die Abbildung 1 zeigt den Verlauf des Bitcoin/US-Dollar-Kurses vom 22.09.2017 bis 30.09.2017. Zur Verdeutlichung sind die wichtigsten Punkte mit Zahlen markiert. Es gibt verschiedene Definitionen von einem Aufwärtstrend, aber im Rahmen des Buches gilt folgende:

Ein Aufwärtstrend besteht aus lokalen Minima und Maxima, welche abwechselnd auftreten können. Das vorhergehende Minimum muss aber jeweils höher als das nachfolgende sein. Analog dazu muss das nachfolgende Maximum das vorhergehende übersteigen.

Ein Minimum bzw. Maximum ist ein Begriff aus der Mathematik. Damit sind Extremwerte gemeint, also Werte, die einen Tiefpunkt oder einen Hochpunkt auf dem Chart darstellen. Es gibt lokale und globale Minima/Maxima. Hier beziehe ich mich auf die lokalen Varianten. Jede der Zahlen entspricht einem lokalen Minimum oder Maximum. Die geraden Zahlen sind die Maxima und die ungeraden Zahlen sind die Minima. Wie Sie sehen, ist der Kurswert zu den Zeitpunkten 2, 4, 6 und 8 jeweils höher als der vorhergehende. Das Gleiche gilt für die Minima. Während eines Trends ist es aber auch völlig normal, dass der Kurs kurzfristig nach unten oder oben abweicht. Dies ist also ein gutes Beispiel für einen Aufwärtstrend, da der Kurs steigt.

Abbildung 2: Abwärtstrend des Bitcoin/US-Dollar-Kurs

4.3.2 Der Abwärtstrend

In Abbildung 2 sehen Sie einen Abwärtstrend im Verlauf des EUR/USD Kurses. Über einen Zeitraum von drei Wochen ist der Kurs immer weiter gefallen.

Wie Sie sehen, geht es nicht gerade auf- oder abwärts, sondern immer im Zick-Zack. Die Ursache dafür erfahren Sie im nächsten Abschnitt. Es ist wichtig zu erkennen, dass es sich um einen Abwärtstrend handelt.

Abbildung 3: Seitwärtstrend der am Ende nach oben durchbrochen wird

4.3.3 Der Seitwärtstrend

In Abbildung 3 sehen Sie einen Seitwärtstrend vom 09.10.2017 bis zum 12.10.2017. Dieser ist manchmal nur sehr schwer erkennbar, aber es ist wichtig, ihn näher zu untersuchen, da es in Seitwärtstrends häufig zu Fehlsignalen kommt. Aufgrund dieser Fehlsignale sollten Einsteiger den Handel in Seitwärtstrends vermeiden. Häufige Richtungswechsel ohne eine echte Richtung sind nur sehr schwer profitabel zu handeln. Konzentrieren Sie sich also besser auf die anderen beiden Trends. Seitwärtstrends finden Sie häufig vor großen Ereignissen, während alle auf die Nachricht warten, oder aber zur Mittagspause.

4.3.4 Die Entwicklung eines Trends

Abbildung 4: Trendverlauf, Bewegung und Korrektur wechseln sich ab

Wie bereits erwähnt, steigt der Kurs nicht linear nach oben bzw. unten. Es entsteht immer dieses typische Treppenmuster, welches gerade bei Tradinganfängern für so viel Verzweiflung sorgt. Ein Kursanstieg wird erst im Chart sichtbar, nachdem die eigentliche Bewegung in Trendrichtung bereits vollzogen wurde. Die meisten

Anfänger steigen dann ein und gehen davon aus, dass es weiter steigen müsse. Zu diesem Zeitpunkt haben aber alle, die bereits vorher kauften, schon Gewinne erzielt. Einige von ihnen könnten diese jetzt also trotz des Anstieges verkaufen, um ihre Gewinne zu realisieren. Das heißt, der Markt fällt zunächst wieder. Hier entsteht dann das typische Gefühl, der Markt macht immer genau das Gegenteil von dem, was man selbst erwartet. Diese Gegenbewegung zum eigentlichen Trend nennt man auch „Korrektur“. Häufig wird in Finanznachrichten erwähnt, dass die lang erwartete Korrektur endlich eingetroffen ist. In Abbildung 4 zum Trendverlauf sehen Sie die durchgezogenen Linien. Es sind die Bewegungen im Aufwärtstrend. Die gestrichelten Linien stellen die Korrekturen dar. Trends verlaufen niemals linear, sondern werden von Korrekturen unterbrochen. Bevor Sie einen Handel eingehen, prüfen Sie immer zuerst, ob der Kurs gerade eine Bewegung durchführt (in Richtung des Trends) oder aber, ob er sich in der Korrekturphase befindet. Solange aber das aktuelle lokale Minima höher ist als das vorherige und die Maxima ebenfalls ansteigen, ist der Trend weiter intakt. Andernfalls, wenn in einem Aufwärtstrend beispielsweise das lokale Hoch tiefer liegt als das vorhergehende, spricht man von einem Trendbruch oder aber auch von einer Kurswende.

4.4 Wann entsteht die größte Bewegung im Markt?

Betrachten wir zur Beantwortung der Frage die Abbildung 5. Interessant an der Abbildung sind die mit einem Kreis markierten Punkte. Zu diesem Zeitpunkt wird der vorherige lokale Hoch- bzw. Tiefpunkt über- bzw. unterschritten. Der Trend wird dadurch bestätigt und es entsteht ein neues lokales Hoch bzw. Tief. Dieser Punkt wird deshalb auch „Trendbestätigungspunkt“ genannt.

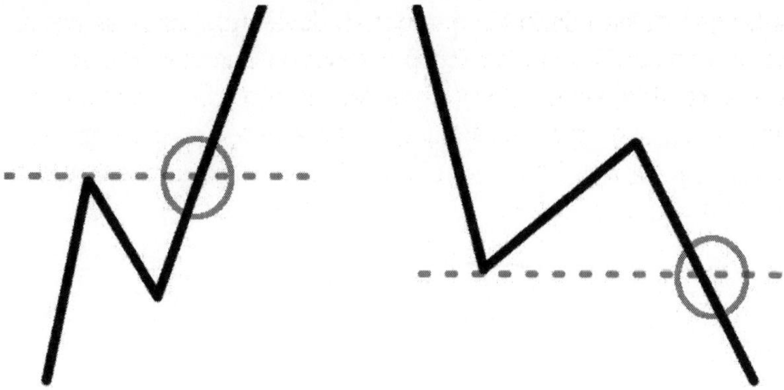

Abbildung 5: Der Trendbestätigungspunkt

Wenn wir den Aufwärtstrend links in der Abbildung 5 genauer betrachten, gibt es an diesem Punkt für alle am Markt aktiven Trader genau drei mögliche Positionierungen:

1. Sie sind „Long“ (setzen darauf, dass der Kurs steigt)
2. Sie sind „Short“ (spekulieren auf einen fallenden Kurs)
3. Sie sind „Flat“ (sind derzeit nicht im Markt investiert und warten auf ein Einstiegssignal)

An diesem markierten Punkt wird der Aufwärtstrend bestätigt und wir versetzen uns jetzt in die mögliche Lage der Trader.

Alle, die bereits Long positioniert sind, werden vermutlich ihre Position offenhalten. Der Trend wurde bestätigt und der Kurs verläuft in ihre Richtung.

Die Short-Positionen sehen ebenfalls, dass der Aufwärtstrend bestätigt wird, da der Kurs das vorherige Hoch überschreitet. Es gibt also für alle Short-positionierten Händler einen guten Grund, ihre offene Position zu schließen. Wenn eine Short-Position geschlossen wird, kaufen sie gleichzeitig den Basiswert (beispielsweise

Bitcoin, den Sie sich geliehen haben). Es entstehen zusätzliche Kaufaufträge. Durch diese erhöhte Nachfrage ist die Wahrscheinlichkeit eines Anstieges noch einmal größer.

Zuletzt betrachten wir die Trader, die bisher noch keine offene Position haben. Diese sehen an dieser Stelle die Bestätigung des Aufwärtstrends und ein gutes Einstiegssignal. Sie würden also ebenfalls eine Long-Position eröffnen und die Kryptowährung kaufen. Also ist an diesem markierten Punkt mit einer größeren Bewegung zu rechnen, da alle drei möglichen Positionierungen am Markt ein Interesse am Kauf haben. Das gleiche Prinzip gilt natürlich auch umgekehrt in Abwärtstrends. Das führt dazu, dass der Trend bestätigt wird und der Kurs meist die bisherige Richtung fortsetzt. Zusammenfassend lässt sich also sagen, dass Sie vor Positionseröffnung immer die möglichen Positionierungen der anderen Trader am Markt bedenken. So können Sie bestimmen, wo voraussichtlich eine größere Kursbewegung zu erwarten ist.

Sie müssen dann auch keine komplizierten Chartformationen auswendig lernen, wenn Sie ein grundlegendes Verständnis für diese Marktmechanismen haben.

4.5 Warum sind die Kurse auf den Exchanges immer unterschiedlich?

Angebot und Nachfrage bestimmen den aktuellen Kurswert. Da auf allen Plattformen unterschiedliche Händler aktiv sind, sind Angebot und Nachfrage auch immer unterschiedlich. Gerade bei Kryptowährungen mit kleinerem Handelsvolumen können diese Unterschiede sehr groß ausfallen. Das Handelsvolumen bezeichnet den Gesamtumsatz, der auf einem Marktplatz innerhalb eines bestimmten Zeitraumes getätigt wurde. Meist wird auf Webseiten wie coinmarketcap.com das Handelsvolumen in 24 h angegeben. Teilweise gibt es selbst bei großen Kryptowährungen wie dem Bitcoin Abweichungen von mehr als 100 $ im aktuellen Kurs.

Dies eröffnet Ihnen neben der Spekulation auch eine weitere Handelsmöglichkeit: das Arbitrage-Trading, bei dem Sie diese Preisunterschiede zwischen den unterschiedlichen Marktplätzen nutzen. Das älteste Handelsprinzip der Welt: günstig einkaufen, teuer verkaufen.

5 Chartanalyse

Ein Chart ist der Verlauf eines Kurses innerhalb eines Zeitintervalls in einem Koordinatensystem. Auf der x-Achse wird die Zeit und auf der y-Achse wird der Kurswert dargestellt.

Ein Chart ist die grafische Repräsentation des Orderbuches. Zum Lesen und zum Analysieren solcher Charts gibt es zwei Ansätze:

- die manuelle Chartanalyse mit Hilfe von Trendlinien, Widerstandslinien, Unterstützungslinien und Trendkanälen
- Indikatoren, welche den Chart automatisiert analysieren

Unabhängig davon, welche Methode verwendet wird, ist das Ziel der Chartanalyse immer herauszufinden, wie sich der Kurs möglicherweise entwickeln wird. Wird der Kurs steigen? Wird der Kurs fallen? Wenn der Kurs fällt, wie lange könnte er noch fallen? Wann ist wieder ein guter Zeitpunkt für den Einstieg? Das sind nur ein paar der Fragen, die man mittels Chartanalyse eventuell beantworten kann.

Es gibt ganze Bücher, die sich nur einem kleinen Teil dieser Chartanalyse, auch technische Analyse genannt, widmen. Ich beschränke mich an dieser Stelle daher auf das Wichtigste.

5.1 Die Zeiteinheiten

Abbildung 6: Trendverlauf in unterschiedlichen Zeiteinheiten

In fast jeder Handelssoftware haben Sie die Möglichkeit, den Chart in verschiedenen Zeiteinheiten darzustellen. Die meist verwendeten Zeiteinheiten sind Tick, M1, M5, M15, M30, H1, H4, D1, W1 und MN. Das M steht für Minuten, das H für Stunden, das W für Woche und das MN für Monat. Je nachdem, welchen Zeitraum Sie betrachten, ergeben sich unterschiedliche Chartbilder und auch unterschiedliche Hoch- bzw. Tiefpunkte auf dem Chart. Ein Chart, der auf Tagesbasis seit Monaten einem Aufwärtstrend folgt, kann auf Minutenbasis einen deutlichen Abwärtstrend aufzeigen. Dies ist ganz wichtig für das Verständnis von Kursverläufen. Die Korrekturen der Kursentwicklung eines größeren Zeitrahmens bilden wiederum kurzfristigere Trends in kleineren Zeiteinheiten.

Zu sehen ist das in Abbildung 6. Die dicke schwarze Linie stellt den Kursverlauf auf einer höheren Zeiteinheit D1 dar. Während die dünne Linie denselben Kursverlauf auf M15 zeigt. Im höheren Zeitverlauf D1 zeigt die Linie einen Aufwärtstrend, während auf der dünnen Linie in M15 auch mehrere Abwärtstrends zu finden sind. Wenn Sie jetzt noch eine Zeiteinheit niedriger betrachten, finden Sie wiederum andere kurzfristigere Trends. Also betrachten Sie den Chart abhängig von der geplanten Haltedauer Ihrer Position.

Für längerfristiges Trading von mehreren Stunden und Tagen betrachten Sie den H1, H4 und D1 Chart. Für sehr kurzfristiges Trading, wenn Sie die Position nur wenige Minuten halten, betrachten Sie eher M1, M5 und M15. Achten Sie darauf, ob Sie sich in einer Bewegung oder in der Korrektur befinden. Verlieren Sie die größeren Zeiteinheiten nicht aus den Augen. Für Einsteiger ist es empfehlenswert, auf dem Stundenchart, also H1, zu traden. Das schont Ihre Nerven und sorgt für weniger Kaufsignale. Außerdem ist ein Kaufsignal in einem höheren Zeitfenster auch wesentlich aussagekräftiger, da es viel mehr Transaktionen enthält. Der Minuten- oder gar Tickchart ist sehr sprunghaft und führt zu vielen Fehlsignalen.

Bevor Sie einen Trade eingehen, betrachten Sie den Chart nicht nur in der aktuellen Zeiteinheit, sondern in mehreren Zeiteinheiten. Im aktuellen 15-Minuten-Chart mag ein Aufwärtstrend deutlich sichtbar sein, wohingegen der gleiche Kurs im Tageschart zeigt, dass es sich lediglich um eine Korrektur in einem längerfristigen Abwärtstrend handelt. Passen Sie Ihre Haltedauer und die Stops/Take Profits entsprechend an. Im Idealfall maximieren Sie daher das jeweilige Chartfenster in der Handelssoftware, das verschafft Ihnen einen besseren Überblick. Weiterhin gilt es zu beachten, dass die größeren Volumen an der Börse durch institutionelle Anleger beispielsweise auf höheren Zeiteinheiten gehandelt werden. Beachten Sie also insbesondere auch Tageslinien und Signale auf dem Tageschart. Tageslinien meinen dabei den Eröffnungs- bzw. Schlusskurs des Vortages.

5.2 Darstellung des Kurses mit japanischen Candlesticks

Es gibt drei weit verbreitete Arten, einen Kurs grafisch darzustellen. Die erste Variante ist ein Linienchart, eine fortlaufende Linie mit dem aktuellen Kurs auf der y-Achse und der Uhrzeit auf der x-Achse eines Koordinatensystems. Die anderen beiden Varianten sind der sogenannte Bar-Chart und der Candlestick-Chart (Kerzenchart).

Die Abbildung 7 zeigt die Variante als Kerzenchart.

Diese Variante kommt ursprünglich aus Japan und hat sich mittlerweile bei vielen Tradern durchgesetzt. Als Candlesticks oder auch Kerzen bezeichnet man eine Art der grafischen Darstellung einer Zeiteinheit. Alle Kurse innerhalb des gewählten Zeitrahmens, beispielsweise H1 (1 Stunde), werden zu einer Kerze zusammengefasst. So entsteht das oben dargestellte Bild. Es bildet den Zeitrahmen H1 ab, bei dem jede der Kerzen einem Handelsintervall von 60 Minuten entspricht.

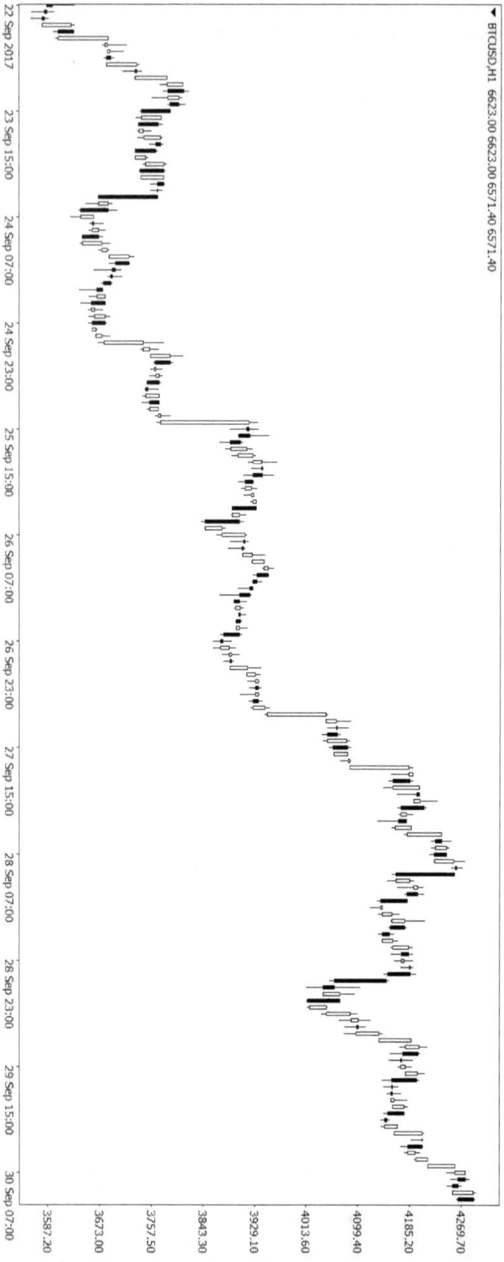

Abbildung 7: Kerzenchart Bitcoin H1 Chart

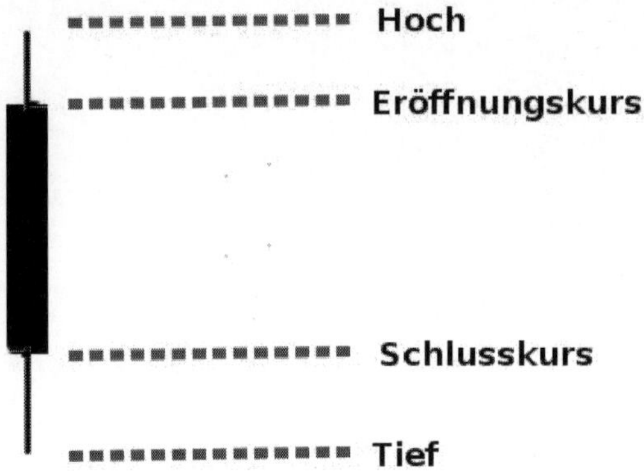

Abbildung 8: Eine negative Kerze im Detail

Abbildung 8 zeigt eine der Kerzen im Detail. Der sogenannte Kerzenkörper, also die umrandete Fläche, zeigt den Eröffnungs- und Schlusskurs. Der untere Rand des Kerzenkörpers ist der Kurs, den der Bitcoin zu Beginn der 60-Minuten-Zeiteinheit hatte. Der obere Rand wiederum ist der Kurs, den der Bitcoin nach den 60 Minuten hatte. Den jeweiligen Kurs können Sie an der y-Achse des Charts ablesen.

Die Dochte (die dünnen Striche, die aus dem Kerzenkörper herausragen) zeigen den jeweils höchsten und niedrigsten Kurs innerhalb der Zeiteinheit. Innerhalb dieser 60 Minuten kann der Kurs ja auch über den Eröffnungskurs hinausgehen und dann wieder fallen. Der Kerzenkörper ist je nachdem, ob es sich um eine positive oder um eine negative Kerze handelt, unterschiedlich gefärbt. In vielen Handelsprogrammen sind positive Kerzen grün und negative Kerzen rot. Eine positive Kerze sagt aus, dass der Kurs gestiegen ist, also innerhalb der betrachteten Zeiteinheit ist der Schlusskurs höher als der Eröffnungskurs. Analog dazu schließt die negative Kerze niedriger, als sie eröffnet. Der Vorteil dieser

Darstellung ist die Übersichtlichkeit und dass Sie, im Vergleich zur Darstellung als einfache Linie, mehr Informationen im Blick haben. Das Beispiel in Abbildung 8 ist eine negative Kerze, da der Schlusskurs niedriger ist als der Eröffnungskurs.

5.3 Trendlinien und Trendkanäle

Trendlinien und Trendkanäle sind ein häufig verwendetes Hilfsmittel, um Charts zu analysieren. Wenn Sie sich an die obigen Definitionen von Trends halten, sind Sie darauf nicht angewiesen, aber aufgrund der allgemeinen Verwendung werden sie hier vorgestellt. Die Abbildung 9 zeigt einen Aufwärtstrend im Bitcoin M30 Chart mit dem bereits erläuterten Treppenmuster aus Bewegung und Korrektur des Kurses. Zur Analyse zeichnen Sie zunächst eine gerade Linie zwischen den lokalen Minima des Kurses und anschließend verbinden Sie die Maxima ebenfalls mit einer Linie. Die so entstandenen Linien werden als Trendlinien bezeichnet, da sie in Richtung des Trends ansteigen. Die von den Trendlinien begrenzte Fläche wird auch Trendkanal genannt. Innerhalb dieser Spanne bewegt sich der Kurs. Trendkanäle eignen sich gut, um mögliche Einstiegskurse zu finden. Interessant sind immer die Ausbrüche aus dem Trendkanal, da hier eine größere Bewegung zu erwarten ist. Beachten Sie aber auch, dass es häufig, wie auch im Bild zu sehen, zum kurzfristigen Durchbruch kommt. Dieses Verhalten wird als Testen eines Kurses bezeichnet. Eine Trendlinie ist umso bedeutender, je öfter der Kurs von ihr angetestet wurde. Eine Trendlinie, die nur zweimal erreicht wurde, ist nicht so aussagekräftig wie eine Trendlinie, die fünfmal erreicht wurde.

5.4 Unterstützung und Widerstand

Unterstützung (Support) und Widerstand (Resistance) bezeichnen Kurse im Chart, an denen eine Korrektur oder zumindest

Abbildung 9: Trendkanal im Bitcoinchart

eine Stagnation des aktuellen Trends erwartet wird. Die vorgestellten Trendlinien und der Trendkanal zeigen bereits ein derartiges Beispiel. Wie Sie in der Abbildung 9 sehen, kehrt der Kurs mehrmals an der unteren Trendlinie um, sie ist also eine Supportlinie. Analog dazu übersteigt der Kurs die obere Trendlinie nicht, daher ist sie ein Widerstand. Kurse im Chart, welche einen Abwärtstrend aufhalten, sind Unterstützungen, und Kurse, die einen weiteren Aufstieg behindern, nennt man Widerstand. Diese entstehen durch Trendlinien. Aber gerade für das Daytrading sind auch die Tageslinien von besonderer Bedeutung, also die Eröffnungs- und Schlusskurse des aktuellen und der vorangegangenen Tage. Diese markieren ebenfalls eine Unterstützungs- bzw. Widerstandslinie. Die Kurse der Kryptowährungen werden zum großen Teil durch die Psychologie der Teilnehmer gesteuert. Immer, wenn Sie in den Nachrichten etwas über die magische 5.000-$-Grenze des Bitcoins hören, geht es um Unterstützung und Widerstand bei bestimmten Kurswerten. Oft benötigt eine Kryptowährung mehrere Anläufe, um solche Marken zu durchbrechen, nur um dann jedoch gleich einen größeren Sprung zu machen. Typische Widerstände besonders bei Kryptowährungen sind auch neue Höchststände, die bereits mehrmals erreicht wurden. Wenn viele Trader die gleichen Nachrichten hören, führt dies häufig zu einer selbsterfüllenden Prophezeiung und der Kurs verhält sich wirklich wie erwartet.

Außerdem kennt niemand den Kurs von morgen. Wir können während des Handels lediglich Rückschlüsse aus dem bisherigen Kurs ziehen und genau so handeln viele Trader. Aus derartigen Kursmustern in der Vergangenheit schließen sie, dass der Kurs sich beim nächsten Mal an diesem Punkt genauso verhält wie beim letzten Mal. Auch hier gilt wieder, je mehr Leute so denken, umso wahrscheinlicher tritt dieses Verhalten auch auf. Wichtig ist hier noch der Hinweis, dass eine Widerstandslinie, die durchbrochen wurde, zur Unterstützung wird und umgekehrt. Wenn ein Abwärtstrend eine Unterstützung durchbricht, wird diese bei einer Trendwende zum Widerstand.

5.5 Indikatoren

Nachdem Sie die unterschiedlichen Zeiteinheiten und die Darstellung des Charts mittels Kerzen kennengelernt haben, gibt es in der Handelsoberfläche noch weitere Hilfsmittel, um Ihnen die Arbeit als Trader zu erleichtern. Die meisten Handelsprogramme kommen mit vorinstallierten Indikatoren, welche es Ihnen erlauben, einen Chart schneller und einfacher zu analysieren. Ein Indikator ist ein Algorithmus, welcher den aktuellen Chart analysiert und Ihnen grafische Hilfslinien oder erweiterte Informationen anzeigt. Ziel jedes Indikators ist es, Sie zu unterstützen, mögliche künftige Kursbewegungen oder Trends vorherzusagen. In einigen Handelsplattformen, wie Metatrader, finden Sie viele verschiedene Indikatoren, deren Vorstellung hier jedoch zu weit führt. Außerdem verwendet jeder Trader seine eigene bevorzugte Handelstechnik und Liste von Indikatoren. Einige betrachten nur den Chart ohne Indikatoren, weil diese sie nur ablenken. Andere wiederum handeln ausschließlich nach Indikatoren. Nachfolgend stelle ich Ihnen einige der wichtigsten Indikatoren beispielhaft vor und zeige Ihnen mögliche Ableitungen von Handelssignalen. Der große Vorteil von Indikatoren ist, dass sie reproduzierbar sind. Wenn also 1.000 Trader denselben Indikator verwenden, kommen sie zunächst zu der gleichen grafischen Darstellung. Es gilt jedoch zu bedenken, dass jeder Trader diese anders interpretiert. Daytrading ist keine exakte Disziplin.

5.5.1 Moving Avarages

Abbildung 10: SMA und EMA

Übersetzt bedeutet der Moving-Avarage der „gleitende Durchschnitt“. Dieser glättet die Bewegung über einen vorher definierten Zeitraum und gehört zu den Trendfolgeindikatoren. Die dünnere Linie in Abbildung 10 zeigt einen Moving-Avarage (SMA 14) und stellt den durchschnittlichen Schlusskurs der letzten 14 Kerzen dar. Wenn Sie also die betrachtete Zeiteinheit wechseln, ändert sich auch der Durchschnitt. Dieser berechnet sich aus der Summe der letzten 14 Schlusskurse geteilt durch 14 und wird auch einfacher gleitender Durchschnitt genannt (SMA für Simple Moving-Avarage). Je länger der Zeitraum ist, der in die Berechnung mit einfließt, um so weiter entfernt der SMA sich vom aktuellen Kurs.

Der einfache Moving-Avarage hat das Problem, dass große Kursschwankungen den SMA für die nachfolgenden Zeiteinheiten verfälschen. Dafür gibt es den Exponential Moving-Avarage (EMA), den exponentiellen gleitenden Durchschnitt. Dieser bewertet aktuellere Schlusskurse höher als ältere. Dadurch ist er in der Regel dichter am aktuellen Kurswert, wie in der Abbildung 10 zu sehen ist. Der EMA führt damit aber auch häufiger zu Fehlsignalen, welche es zu vermeiden gilt. Experimentieren Sie hier und testen Sie, welche Kombination für Sie am besten funktioniert. Zusammengefasst können Sie also mit Hilfe der gleitenden Durchschnitte Trends leichter erkennen und sehen, wohin der Markt sich ungefähr bewegen wird. In einem Aufwärtstrend befindet sich der aktuelle Preis über dem SMA und in einem Abwärtstrend befindet er sich darunter. Da dies jedoch leicht zu falschen Signalen führt, ist es eine gute Strategie, mindestens zwei gleitende Durchschnitte gleichzeitig zu verwenden. Beispielsweise einen über 14 Perioden und einen Moving-Avarage über 30 Perioden, wie in der Abbildung zu sehen. Dann sehen Sie jeweils einen kurzfristigen und einen längerfristigen Trend. Solange der SMA 14 über dem SMA 30 liegt, besteht ein Aufwärtstrend. Sollten die beiden sich schneiden, entsteht möglicherweise eine Trendwende, welche sich zum Einstieg eignet. Die Abbildung zeigt zwei solcher Szenarien. In beiden Fällen schneiden sich die SMA und es kommt zu einem Trendwechsel, welcher eine gute Handelsmöglichkeit bietet.

5.5.2 Bollinger Bänder

Abbildung 11: Bollinger Bänder, die 3 Linien entsprechen den Bändern

Die Bollinger-Bänder, englisch: Bollinger Bands, sind Indikatoren für die Volatilität eines Marktes. Volatilität bedeutet dabei die Kursschwankungen, also den Bereich, in dem ein Kurs sich bewegt. Sind die Bänder eng beieinander, ist der Kurs stabil, vergrößert sich der Abstand zwischen den Bändern, liegen größere Kursbewegungen vor. Die Basis zur Berechnung ist der bereits erläuterte SMA, meist mit einer Periode von 20. Der SMA bildet das mittlere Band und die zwei anderen Bänder ober- und unterhalb werden mittels Standardabweichung verschoben. Die Mathematik wollen wir hier nicht weiter betrachten, sondern uns auf die Anwendbarkeit konzentrieren. Hier gibt es zwei interessante Szenarien. Das erste ist der Bollinger-Squeeze: Wenn die Bänder immer enger zusammenrücken, dann steht ein Ausbruch kurz bevor. Dieses Szenario sehen Sie in Abbildung 12 mit 1 und 3 gekennzeichnet. Mit Hilfe des Bollinger-Squeeze können Sie einen Trend und mögliche Ausbrüche rechtzeitig erkennen.

Das zweite Anwendungsszenario sind dynamische Support- und

Widerstandslinien. Sie haben bereits kennengelernt, wie Sie diese von Hand eintragen. Die Bollinger-Bänder tun dies automatisiert. Die Idee dahinter ist, dass es häufig an der oberen oder an der unteren Linie zu einer Korrektur kommt und der Kurs an den Bändern abprallt. Zu sehen ist das an der mit der 2 gekennzeichneten Stelle in der Abbildung. Sie unterscheiden sich aber von den Trendkanälen, indem der Kurs meist nur bis zum mittleren Band zurückgeht und nicht bis zum unteren.

5.5.3 Pivot-Punkte

Pivot-Punkte sind weit verbreitet und werden regelmäßig in Kursanalysen veröffentlicht. Durch die weite Verbreitung stellen sie teilweise eine selbsterfüllende Prophezeiung dar. Sie können als Aktionslinien verstanden werden, an denen der Markt genau beobachtet werden sollte. Ob es sich um einen Ein- oder Ausstieg handelt, hängt dann von der konkreten Marktsituation ab, denn Pivot-Punkte sind sowohl Widerstand als auch Unterstützung.

Die Berechnung des Pivot-Punktes für den aktuellen Tag erfolgt anhand der drei Extrempunkte des Vortages: dem Höchstkurs, dem Tiefstkurs und dem Schlusskurs. Der Pivot-Punkt für den aktuellen Tag ist der Durchschnitt aus diesen drei Werten: (Höchstpunkt + Tiefstpunkt + Schlusskurs) geteilt durch drei. Aus diesem Pivot-Punkt und den Extremwerten des Vortages lassen sich für den aktuellen Tag drei Widerstands- und drei Unterstützungslinien berechnen. Die Widerstände R1, R2 und R3 werden wie folgt berechnet:

- R1: 2 x Pivot-Punkt - Tiefstpunkt
- R2: Pivot-Punkt + Höchstpunkt - Tiefstpunkt
- R3: 2 x (Pivot-Punkt - Tiefstpunkt) + Höchstpunkt

Die Unterstützungspunkte S1, S2 und S3 können ebenfalls aus diesen Werten berechnet werden:

- S1: 2 x Pivot-Punkt - Höchstpunkt
- S2: Pivot-Punkt - Höchstpunkt - Tiefstpunkt
- S3: Tiefstpunkt - (2 x (Höchstpunkt - Pivot-Punkt))

Der Handel nach Pivot-Punkten unterteilt die aktuelle Kerze jeweils in zwei Bereiche: oberhalb und unterhalb des Pivot-Punktes.

Erfolgt ein Durchbruch des aktuellen Kurses von unterhalb über den aktuellen Pivot-Punkt, kann das als Signal für einen aufwärtsgerichteten Markt gewertet werden. Analog dazu ist ein Kurs, der unter den aktuellen Pivot-Punkt fällt, ein abwärtsgerichteter Markt, also ein Short-Signal. Die unterschiedlichen Unterstützungs- und Widerstandslinien dienen als Hilfspunkte, an denen es zu einer Kurswende kommen kann. Wenn also der Kurs den Pivot-Punkt überschreitet, ist bei R1 eine Kurskorrektur möglich. Sollte R1 überschritten werden, wird R1 automatisch zur Unterstützung. Mit Aktionslinien ist gemeint, dass zunächst nur eine Aktion erwartet wird. Wie genau diese ausfällt, ist von der jeweiligen Marktsituation abhängig.

5.5.4 Moving Avarage Convergence Divergence (MACD)

Moving-Avarage-Convergence-Divergence (MACD) ist ein Indikator, welcher häufig verwendet wird. Deshalb nehme ich ihn hier auf, rate jedoch davon ab, ihn zu nutzen.

Die Aufgabe des MACD ist es, Trends frühzeitig zu erkennen. In seiner Grundeinstellung verwendet er zwei gleitende exponentielle Durchschnitte mit den Perioden 9 und 26 und einen gleitenden Durchschnitt über 12 Perioden, welcher den Durchschnitt aus der Differenz zwischen dem langsameren und dem schnelleren exponentiellen Durchschnitt berechnet. Bei Verwendung des MACD-Indikators wird im Metatrader beispielsweise unten im Chartfenster eine Reihe von vertikalen Linien eingeblendet. Die eingezeichneten vertikalen Linien beziehen sich aber nicht auf den Kurspreis, sondern auf die Differenz zwischen den beiden Kursdurchschnitten. Bei einem Trend steigt die Differenz an und es entsteht ein Handelssignal. Das Problem mit dem MACD ist, dass er ein gleitender Durchschnitt von gleitenden Durchschnitten ist. Jeder gleitende Durchschnitt erzeugt dabei eine Verzögerung, die in diesem Fall entsprechend hoch ist. Für kurzfristiges Trading ist er also nicht geeignet und Tests haben gezeigt, dass er langfristig als alleiniges Handelssignal eine schlechte Performance liefert.

5.5.5 Parabolic Stop and Reversal (PSAR)

Bisher wurden Indikatoren aufgezeigt, welche in erster Linie der frühzeitigen Erkennung von Trends dienen und somit auch dem Kurseinstieg. Parabolic-Stop-and-Reversal (PSAR) gibt Ihnen zusätzlich eine Hilfestellung, wann es Zeit ist, aus einem Handel auszusteigen. Die Grundidee ist, dass der PSAR von einer virtuellen Long-Position am Anfang ausgehend eine Stop-Marke berechnet, welche nicht nur vom Kurslevel, sondern auch von der vergangenen Zeit abhängt. Dazu verwendet der PSAR drei Werte: einen Extremkurs, also ein lokales Maxima, einen aktuellen Stop-Kurs und einen Beschleunigungsfaktor. Im ersten Trade ist das Hoch der aktuellen Kerze das Maxima und das Tief der Stop-Kurs. Dann wird mit jeder neuen Kerze im Chart der PSAR neu berechnet und als Punkt eingetragen. Der nächste PSAR-Punkt ergibt sich aus der alten Stop-Marke, zu der das Produkt aus der Differenz von dem Maxima und letztem Stop-Kurs sowie dem Beschleunigungsfaktor addiert wird. Die Stop-Marke rückt also näher an den Kurs heran. Wenn der aktuelle Kurs die Stop-Marke überkreuzt, führt dies dazu, dass der PSAR auf die andere Seite des Kurses wechselt, also von Long auf Short bzw. umgekehrt. Der Ein- und Ausstieg ist aus dem PSAR einfach abzulesen. Befinden sich die Punkte unterhalb des aktuellen Kurses, ist es ein Kaufsignal, und anders herum ist es ein Verkaufssignal. Um ein zuverlässigeres Signal zu haben, warten Sie vor dem Handel beispielsweise drei bis vier Punkte ab. Bei dem PSAR gilt zu beachten, dass dieser nur in Aufwärts- bzw. Abwärtstrends gut funktioniert. In Seitwärtstrends kommt es zu vielen Fehlsignalen. Speziell für Seitwärtstrends eignen sich andere Indikatoren, wie der Stochastics Indikator. Als Einsteiger sollten Sie diese Seitwärtstrends aber ohnehin meiden.

5.5.6 Relative Strength Index (RSI)

Der Relative Strength Index (RSI) ist, anders als der SMA oder EMA, ein sogenannter oszillierender Indikator. Das bedeutet, er hat einen begrenzten Wertebereich von 0 bis 100, in dem er sich bewegt. Die Standardeinstellung für den RSI arbeitet auf 14 Perioden. Für diesen Zeitraum wird der gleitende Durchschnitt aus allen positiven Kerzen und aus allen negativen Kerzen berechnet. Der RSI ergibt sich dann aus dem Verhältnis der positiven Kursänderungen zur Gesamtkursänderung.

Der RSI soll dabei helfen, Marktsituationen zu erkennen, in denen der Markt überkauft ist, also tendenziell wieder abfällt bzw. in unterkauften Märkten zu steigen beginnt. Dazu wird der Wertebereich in drei Zonen eingeteilt. Alle Werte unter 30 gelten als unterkaufter Markt, in dem der Markt meist zu steigen beginnt. Sie sollten also tendenziell eher eine Long-Position eröffnen oder bestehende Short-Positionen schließen. Ein RSI zwischen 30 und 70 ist normal. Alle RSI-Werte über 70 entsprechen einem überkauften Markt, in dem der Kurs also meist wieder fällt. Sie sollten also Long-Positionen schließen oder aber Short-Positionen eröffnen. Handelssignale entstehen nach dem RSI, wenn er von einem der Extrembereiche wieder in den normalen Bereich eintritt. Außerdem kann der RSI zur Trenderkennung genutzt werden. Ein RSI über 50 signalisiert einen Aufwärtstrend, während der RSI unter 50 auf einen Abwärtstrend hinweist.

5.5.7 Avarage True Range (ATR)

Die Avarage-True-Range (ATR) ist ein Indikator, der die Volatilität eines Marktes anzeigt, indem die durchschnittlichen Kursschwankungen berechnet werden. Dazu wird zunächst die True Range berechnet. Dieser Wert ist die absolute Differenz aus dem niedrigsten und dem höchsten Kurs einer Kerze. Von dieser Kursspanne wird dann jeweils über eine einstellbare Anzahl von Zeitperioden der Durchschnitt genommen, um den Wert zu glätten. Sie sehen also am ATR, wie hoch die durchschnittlichen Kursschwankungen innerhalb der betrachteten Zeiteinheiten sind.

Abbildung 12: Avarage True Range Indikator des Bitcoin im H1 Chart

Wenn Sie sehen, dass die ATR der letzten 1-Stunden-Kerzen im Bitcoin immer 40 $ waren, können Sie davon ausgehen, dass die nächste 1-Stunden-Kerze mit einer gewissen Wahrscheinlichkeit wieder ca. 40 $ Differenz haben wird. Steigt der Kurs auf dem Tageschart D1 innerhalb der letzten Tage im Schnitt 100 $, stellt diese 100-$-Linie auf dem aktuellen Tageschart zumindest einen Widerstand oder ein gutes Take-Profit-Ziel dar. Genauso funktioniert es bei den Stop Losses. Es gibt Stop-Strategien, die die ATR als Grundlage nehmen, indem sie beispielsweise den Stop automatisch auf das doppelte der Avarage True Range unter dem aktuellen Kurs setzen.

In der Abbildung sehen Sie den ATR über die letzten 48 Stunden. Vom 24.10. bis zum 25.10 ist die ATR besonders mit Schwankungen von ca. 90 $ pro Stunde. Wenn Sie also in diesem Zeitraum handeln, wo der Markt sehr großen Schwankungen unterliegt, müssen Sie das in Ihren Stops/Take Profits berücksichtigen.

5.5.8 Fazit zu den Indikatoren

Ziel war es, Ihnen zu verdeutlichen, wie Ihnen Indikatoren bei der Chartanalyse helfen können. Die Abbildungen zeigen positive Beispiele, in denen das funktioniert, aber Sie werden auch genug Gegenbeispiele finden. Indikatoren sind immer mit Vorsicht zu genießen. Häufig werden Handelsstrategien aus einigen Indikatoren verkauft, für die man im Nachhinein natürlich auch passende Chartformationen findet. Häufig helfen diese aber gar nicht, wenn Sie danach handeln wollen. In der ganzen Welt der technischen Chartanalyse finden Sie nicht nur unzählige Indikatoren, sondern auch unzählige Meinungen, Interpretationen und Strategien. Wenn es wirklich so einfach wäre, nur einem Indikator zu folgen, würden sicher mehr Leute an der Börse erfolgreich handeln.

Für die unten vorgestellten Handelsstrategien, insbesondere die Trendfolge-Strategie, benötigen Sie keine Indikatoren. Trotzdem sind Indikatoren eine nützliche grafische Hilfe und eine sinnvolle Ergänzung zu Ihrem Handelsstil.

6

Strategien für den erfolgreichen Börsenhandel

Eine Strategie ist mehr als nur ein Kaufzeitpunkt. Es ist ein ganzes Handelssystem, in dem Sie die Zeitpunkte und die Bedingungen für Kauf und Verkauf genau definieren. Außerdem enthält eine solche Strategie ein System der Stop-Setzung, um die Verluste zu begrenzen. Es sind auch „Take Profits" vorgesehen, also automatische Verkäufe, wenn ein bestimmter Gewinn erreicht ist.

Wichtig an einer Strategie ist, dass sie reproduzierbar und nachvollziehbar ist. Anhand Ihrer Strategie müssen Sie zu jedem Zeitpunkt beurteilen können, ob ein Handel sinnvoll ist oder nicht.

Eine Strategie unterscheidet den Glücksspieler vom professionellen Trader. Auch wenn eine Strategie zu Verlusten führt, haben Sie durch die Nachvollziehbarkeit immer noch Ansatzpunkte zur Verbesserung. Außerdem hilft die Strategie Ihnen, in emotional angespannten Situationen bessere Entscheidungen zu treffen, da Sie bereits vorher klaren Kopfes entschieden haben und nur noch umsetzen müssen.

Nachfolgend werden mögliche Strategien vorgestellt, die Ihnen verschiedene Handelsansätze aufzeigen. Alle wurden bereits erfolgreich und profitabel in der Praxis umgesetzt. Sie sind aber nur für Auf- und Abwärtstrends geeignet. In Seitwärtstrends sollten Sie als Einsteiger zunächst nicht handeln.

Die nachfolgenden Strategien sind dabei überwiegend für Daytrader geeignet, also kurz bis mittelfristige Handelszeiträume.

6.1 Trendfolge-Strategie

Abbildung 13: Abbildung eines Trends mit Ein- und mögl. Ausstieg durch 1 und 2 markiert

Die Trendfolge-Strategie ist eine der ältesten und bewährtesten Strategien, die sich sowohl für kurzfristiges Handeln als auch für mittel- bis langfristige Investitionen eignet. Für die Umsetzung der Trendfolge-Strategie eignen sich Broker oder Kryptowährungs-Marktplätze, die Ihnen die verschiedenen Ordermöglichkeiten zur Verfügung stellen und eine hohe Liquidität haben.

Die Grundidee ist es, dass ein Vorhersagen des Trends immer schwierig ist. Jedoch ist das Erkennen eines bestehenden Trends, anhand der bereits im Kapitel über Kursverläufe genannten Kriterien, einfach. Ein passendes Motto ist „the trend is your friend". Eine der ersten bekannten Trendfolge-Strategien stammt von den sogenannten Turtle Tradern. Dies waren Börsenhändler, die in den 1980er Jahren ihr gesamtes Handels-Wissen in klar definierte Regeln fassten. Sie vertraten die Meinung, dass man so jedem das Traden beibringen kann. Um diese These zu belegen, wählten sie eine Gruppe zufälliger Bewerber ohne Börsenerfahrungen aus. Innerhalb von zwei Wochen lernten diese die Regeln und konnten in den nachfolgenden vier Jahren weit überdurchschnittliche Renditen von bis zu 80 Trendfolge-Strategien erfreuen sich deshalb bis heute einer großen Beliebtheit und sind eine der wenigen Strategien, die nachweislich konstante Gewinne einbringen. Nachfolgend werden die Grundzüge der Trendfolge-Strategie ausführlich erläutert. Egal, ob Sie Anfänger oder bereits fortgeschritten sind, Sie sollten diese Strategie auf jeden Fall beherrschen. Für das Verstehen der Strategie ist es wichtig, dass Sie die Definitionen eines Trends kennen und die Entwicklung eines Trends mit den typischen Treppenmustern verstanden haben.

6.1.1 Der Einstieg

Betrachten Sie die Abbildung. Der Chart zeigt einen Aufwärtstrend im H1 Chart. Betrachten Sie zuerst den mit einer 1 markierten Punkt. Dies ist ein lokales Maximum, auf das im Anschluss eine Korrektur erfolgt bis zum ersten Punkt 2. Dieser ist ein lokales Minimum. Dieses Verhalten von Trends aus Bewegung und Korrektur sollte soweit bekannt sein. Interessant ist jetzt der erste Punkt 3. An diesem wird das vorherige lokale Maximum, welches in Punkt 1 lag, überschritten. Sie haben diesen Punkt bereits im Abschnitt über die Kursbewegung als Trendbestätigungspunkt kennengelernt. Durch den Kursanstieg über diesen Punkt 3 hinaus entsteht ein neues lokales Maximum im darauffolgenden Punkt 1. Dieser Punkt 3, bei dem wir wissen, dass ein neues Hoch entstehen wird und welches den Trend bestätigt, ist unser Einstiegssignal. Dieses Signal führt zum nächsten Punkt 1, welcher wieder ein lokales Maximum darstellt. Die Phase von 2 zu 1 ist jeweils die Bewegung des Trends und die Phase von 1 zu 2 die Korrektur. Alle möglichen Einstiegspunkte nach der Trendfolge-Strategie sind mit einer 3 gekennzeichnet. Immer wenn das vorherige lokale Maximum überschritten wurde, entsteht ein neues Einstiegssignal. Betrachten Sie auch die übergeordneten Zeiteinheiten. Liegt in einer höheren Zeiteinheit ebenfalls ein Punkt 3 vor, kann dies weitere Kaufordern im Markt auslösen. Also wird das Einstiegssignal entsprechend verstärkt, wenn der kurzfristige Trend mit dem längerfristigen Trend übereinstimmt und auf mehreren Zeiteinheiten Einstiegssignale vorliegen. Wenn Sie also den M15 Chart handeln, betrachten Sie immer auch M30 oder H1.

6.1.2 Der Ausstieg

Man sagt: An der Börse sind zwei mal zwei nicht vier, sondern fünf minus eins. Sie müssen nur die Nerven haben, dieses minus eins auszuhalten.

Betrachten wir jetzt deshalb die richtigen Stops. Wenn Sie am

Abbildung 14: Ein und Ausstiege in der Trendfolge-Strategie

ersten Punkt 3 eingestiegen sind und den Trend von Anfang an erwischt haben, setzen Sie Ihren ersten Stopp Loss auf den ersten Punkt 2. Dieser ist das vorherige lokale Minimum. Die Definition des Aufwärtstrends ist, dass er solange besteht, wie das nächste lokale Minimum höher ist als das vorherige. Dasselbe gilt für die Maxima. Der nächste Punkt 1 muss jeweils höher liegen als der vorherige. In dem Moment, wo der aktuelle Kurs unter den letzten Punkt 2 fällt, ist der Trend nicht mehr intakt und die Position wird aufgrund des gesetzten Stopp Loss automatisch geschlossen. Dieses Prinzip gilt genauso für alle folgenden Punkte. Wenn Sie den jeweils nächsten Punkt 3 erreichen, setzen Sie Ihren Stop Loss auf den jeweils letzten Punkt 2. Der Stop Loss liegt immer auf dem letzten lokalen Minimum. So vermeiden Sie zu große Verluste und können eine andere Börsenweisheit sehr gut umsetzen: Gewinne laufen lassen, Verluste begrenzen.

Häufig machen Einsteiger hier den Fehler, Gewinne zu früh zu schließen. Mit dieser Strategie werden Gewinne nie von Hand geschlossen. Am Ende des Trends werden die Positionen automatisch geschlossen.

Eine Ausnahme gibt es hier: Wenn die Abstände zwischen dem letzten Punkt 2 und dem aktuellen Punkt 1 sehr groß werden, weil keine neuen Korrekturen eintreten. In diesem Fall kann es sinnvoll sein, Teilgewinne mitzunehmen oder die Position auch ganz zu schließen, wenn Sie nicht mit einer Fortsetzung des Trends rechnen. Dies kann beispielsweise der Fall sein, wenn eine positive Nachricht einen Kurs kurzfristig stark in die Höhe treibt.

6.1.3 Die alternative Positionseröffnung

Oft kann es im Trendhandel vorkommen, dass Sie ein Einstiegssignal verpasst haben. Der Kurs ist jetzt bereits in der Bewegung und Sie stehen vor der Frage, ob es jetzt noch sinnvoll ist, eine

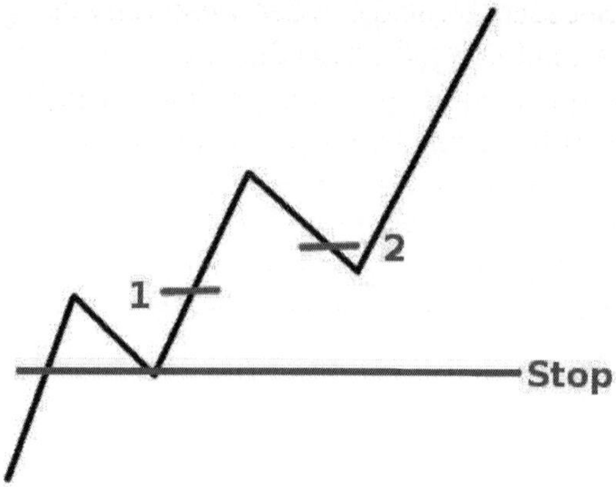

Abbildung 15: Alternative Positionseröffnung

Position zu eröffnen. Dazu betrachten Sie zunächst, was passiert wäre, wenn Sie die Position direkt beim Auftreten des Handelssignals gehandelt hätten. Zu sehen in der Abbildung. Dann hätten Sie den Stop Loss entsprechend positioniert, sichtbar durch die Stop-Linie, und hätten Ihre Position an der mit einer 1 markierten Stelle eröffnet. Wenn Sie also später eine Position eröffnen, wäre dieser Stop-Kurs Ihr maximaler Verlust. Dann betrachten Sie eventuelle Kursziele in Form von Unterstützungen oder Widerständen und können so leicht beurteilen, ob ein verspäteter Einstieg noch lohnt.

Es gibt hier auch die Strategie, direkt in die Korrektur hinein eine Position zu eröffnen. Das bedeutet, wenn Sie einen Trend erkannt haben, warten Sie die nächste Korrektur ab, schätzen anhand der vorherigen Korrekturen im Trend deren ungefähren Verlauf ab und eröffnen dann die Position am vermutlichen Ende einer Korrektur. Das Risiko bleibt in diesem Fall ähnlich, da Sie als Stop Loss wieder das vorherige lokale Hoch oder Tief nutzen, aber Ihr Gewinn erhöht sich, da Sie eine größere Kursbewegung mitnehmen können. Dargestellt ist dieser alternative Einstieg in Abbildung 19 mit der Zahl 2. An diesem Punkt 2 ist die Kurskorrektur ähnlich hoch wie die vorherige, deshalb eröffnen Sie hier eine Position in die Korrektur hinein. Dies ist jedoch eher für erfahrene Trader geeignet.

Dieses Beispiel verdeutlicht, dass eine exakte Positionseröffnung einerseits gar nicht möglich ist und andererseits aber auch nicht notwendig. Positionieren Sie Ihre Stops gut und dann lassen Sie die Position laufen.

6.1.4 Beispieltrade

Das Konzept zur Trendfolge-Strategie werde ich jetzt nochmals an einem Beispielshandel ausführlich erläutern. Sehen Sie sich dazu die folgende Abbildung an, diese zeigt die Entwicklung des Bitcoin-Kurses im H1 Chart vom 28.10.2017 bis zum 04.11.2017. Die wichtigen Punkte sind wieder mit Zahlen markiert. Dazu nochmals erwähnt, Daytrading ist keine exakte Wissenschaft. Die Stops können problemlos um einige Punkte variieren.

Punkt 1 ist der Beginn der Betrachtung. Dieser ist unabhängig vom vorherigen Kursverlauf und stellt das erste lokale Minima dar, da es der tiefste Punkt im Chart ist. Punkt 2 liegt jetzt bereits deutlich über dem Punkt 1 und bildet ein lokales Maxima. Ein Aufwärtstrend deutet sich also an.

Rückwirkend betrachtet ist dies natürlich offensichtlich, wenn man den ganzen Chartverlauf kennt. Aber in der Praxis kann dies erheblich schwieriger sein. Eine gute Übung dazu ist es, den Chart zunächst bis zu einem vorherigen Datum abzudecken und dann die entsprechende Entwicklung vorherzusagen. Dann werden Sie merken, dass es in der Praxis durchaus schwierig sein kann.

An Punkt 2 warten Sie also zunächst nur die Korrektur ab. Diese fällt relativ gering aus und der Kurs des Bitcoin fällt bis zum Punkt 3. Der Kurs steigt dann weiter bis zum neuen lokalen Maxima im Punkt 4. Während dieses Kursanstieges wird der Trend bestätigt, da das alte Maxima im Punkt 2 überschritten wird. Die Definition eines Aufwärtstrends ist also erfüllt. Sobald der Kurs den vorherigen Punkt 2 übersteigt ist eine gute Einstiegsmöglichkeit. Es ist empfehlenswert, derartige Ordern nicht per Market-Order durchzuführen, sondern morgens im Vorfeld den Kurs zu analysieren und diese Order so zu platzieren, dass automatisch gekauft wird, sobald der Kurs den alten Maximalwert an Punkt 2 übersteigt. Ihren Stop Loss würden Sie entsprechend am letzten lokalen Minima, also dem Punkt 3, platzieren.

Abbildung 16: Beispieltrade Trendfolge-Strategie

Der Einstieg ist geschafft und im weiteren Kursverlauf warten Sie einfach die jeweilige Korrektur ab und platzieren den Stop Loss neu.

Der Kurs korrigiert im Beispiel bis zum Punkt 5 und steigt dann zum neuen Hochpunkt 6. Ihren Stop Loss würden Sie jetzt entsprechend auf Punkt 5 platzieren. Anschließend steigt korrigiert der Kurs bis zum Punkt 7 und steigt dann weiter bis zum Punkt 8. Sie würden dann wiederum Ihren Stop Loss auf Punkt 7 platzieren. Den Stop können Sie immer dann setzen, sobald der Kurs höher als der letzte Hochpunkt liegt. Also sobald Punkt 6 überschritten ist, ziehen Sie den Stop Los auf Punkt 7 nach.

Wie Sie in der Abbildung sehen, sind die Korrekturen nach Punkt 8 und 10 deutlich größer. Hier dürfen Sie nicht den Fehler machen, die Position zu früh zu schließen. In der Trendfolge-Strategie wird eine Position normalerweise nie von Hand geschlossen und außerdem ist der Aufwärtstrend noch intakt, da die lokalen Tiefpunkte 9 und 11 jeweils noch höher liegen als der vorherige Tiefpunkt. Lassen Sie Gewinne laufen und begrenzen Sie Verluste und wer weiß zum jetzigen Zeitpunkt schon, wie weit der Kurs noch steigen wird?

6.1.5 Fazit zur Trendfolge-Strategie

Die Trendfolge-Strategie eignet sich sowohl für kurzfristigen als auch für langfristigen Handel, da es auf allen Zeitebenen entsprechende Trends gibt. Sie erfordert relativ wenig Aufmerksamkeit und wenig aktives Handeln, da in der Praxis lediglich die Stops nachgezogen werden müssen. Dadurch, dass Sie relativ wenige Trades haben, nachdem Sie einen guten Trendeinstieg gefunden haben, sparen Sie auch Handelsgebühren. Ein weiterer Vorteil ist, dass die Trendfolge-Strategie technisch relativ einfach umzusetzen ist.

Die Nachteile sind jedoch, dass manchmal viel Geduld und viel Disziplin erforderlich sind, um längere Korrekturen auszusitzen und die Position nicht verfrüht zu schließen. Insbesondere für Einsteiger ist es ein häufiges Problem, wenn ihre Position zunächst auch ins Minus läuft oder sie bereits erzielte Gewinne in der Korrektur wieder verlieren. Abhängig von Ihrer gewählten Positionsgröße kann es dadurch auch zu größeren Schwankungen im Wert Ihres Portfolios kommen.

Sollten Sie jedoch neu an der Börse sein oder auch einfach nur nach einer längerfristigen entspannten Handelsstrategie suchen, welche keine ständige Kontrolle erfordert, dann ist die Trendfolge-Strategie genau das Richtige für Sie. Wenn Sie erfahrener sind, können Sie sich auch entsprechende Variationen dazu oder die alternativen Positionseröffnungen ansehen.

6.2 Break-Out-Trading

Das Break-Out-Trading ist eine kurzfristige Strategie, in der Sie ausschließlich die Bewegung von einigen wenigen Kerzen handeln. Während Sie bei der Trendfolge-Strategie praktisch mit dem Kurs durch die guten und die schlechten Zeiten gehen, infolge von Bewegung und Korrektur, handeln Sie beim Break-Out-Trading nur die Bewegung nach einem Einstiegssignal. Für die Umsetzung des Break-Out-Tradings eignen sich Broker, wie auf der Webseite zum Buch empfohlen, oder Kryptowährungs-Marktplätze, die Ihnen die verschiedenen Ordermöglichkeiten zur Verfügung stellen.

Wie Sie in der Abbildung 21 sehen, gehen Sie im Vergleich zur Trendfolge-Strategie bereits deutlich mehr Trades ein. Der mögliche Gewinn der einzelnen Trades ist geringer, aber dafür verringern Sie auch das Verlustrisiko.

6.2.1 Die Ein- und Ausstiege

Bei der Break-Out-Strategie handeln Sie nur die Bewegung zwischen den Punkten 1 und 2 in der Abbildung. „Break Out" bedeutet übersetzt so viel wie „Ausbruch" und bezieht sich auf den Kurspreis, welcher kurzfristig steigt oder fällt. Das Break-Out-Trading funktioniert sowohl in Aufwärtstrends als auch in Abwärtstrends. In der Beispielabbildung sehen Sie einen Abwärtstrend im Bitcoin-Kurs auf der Zeitebene M30. In der Regel verwenden Sie kleinere Zeiteinheiten wie M30, M15 oder gar M5 für das Break-Out-Trading.

Sie warten, wie bei der Trendfolge-Strategie, auf die Bestätigung eines Trends, diesmal mit Punkt 1 gekennzeichnet. Also immer, wenn Sie ein neues Tief erwarten, steigen Sie in den Handel ein und platzieren die Order.

Etwas schwieriger wird es mit der Stop-Setzung. Zunächst sollten Sie den ersten Stop nach Positionseröffnung auf den Schlusskurs

Abbildung 17: Die Zahlen markieren wieder die möglichen Ein- und Ausstiege

der letzten Kerze im Chart vor Markteintritt legen. Oft verringert sich vor einem Trendausbruch jedoch die Volatilität und es entstehen also viele kleine Kerzen. In diesem Fall nehmen Sie als Stop Loss den Schlusskurs der letzten größeren Kerze, da andernfalls der Stop zu eng am Kurs anliegt und die Position häufig falsch ausgestoppt wird.

Der zweite Stop-Punkt, zu dem Sie nachziehen, ist der sogenannte Break-Even-Stop. Dazu setzen Sie den Stop Loss auf den Kurs Ihres Einstiegs. Zu diesem Zeitpunkt können Sie keinen Verlust mehr machen, Sie haben Ihre anfängliche Investition auf jeden Fall wieder. Diese Situation, wo Sie keinen Gewinn oder Verlust machen, nennt man in der Wirtschaft „Break Even". Anschließend können Sie den Stop manuell dicht am aktuellen Kurs nachziehen, indem Sie den Stop jeweils auf den Schlusskurs der vorangegangenen Kerze ziehen. Das hat den Vorteil, dass Sie auch bei größeren Bewegungen den maximalen Gewinn erzielen.

Das Break-Out-Trading ist nicht nur an Trendbestätigungspunkten handelbar, sondern auch, wenn ein Ausbruch aus einem Trendkanal erfolgt oder aber wenn Widerstands- bzw. Unterstützungslinien durchbrochen werden. Ziehen Sie bei dieser Strategie die Stops manuell nach und nicht mit der, in einigen Handelsprogrammen enthaltenen, Trailing-Stop-Funktion. Diese ignoriert meist die Volatilität, also die Kursschwankungen des Marktes. In einem sehr volatilen Markt können größere Schwankungen innerhalb der Bewegung völlig normal sein. Ihr Stop Loss muss also weiter sein, als wenn der Kurs nur geringen Schwankungen unterliegt. Orientieren Sie sich sowohl bei den Einstiegen als auch bei den Ausstiegen also immer am Marktgeschehen und gegebenenfalls an Indikatoren wie der bereits vorgestellten Avarage-True-Range (ATR).

6.2.2 Fazit zur Break-Out-Trading-Strategie

Das Break-Out-Trading eignet sich für den kurzfristigen Handel. Sie haben den Vorteil, dass Sie Korrekturen nicht aussitzen müssen und nur kürzere Bewegungen handeln, was zu geringeren Schwankungen im Portfolio führt. Die Strategie ist einfach umzusetzen, erfordert aber ein genaues Auge für die richtigen Ein- und Ausstiege. Break-Out-Trading funktioniert auch nur in liquiden und volatilen Märkten. Nur wenn genug Bewegung im Markt ist, lohnt sich diese Strategie. Ein Nachteil ist, dass Sie mehr handeln und aktiver am Markt beteiligt sind. Dies ist nervlich eine größere Belastung und führt auch zu höheren Handelsgebühren.

Die Strategie ist gut geeignet, wenn Sie gerne aktiv handeln und mehr Trades eingehen wollen. Wenn Sie auf ein gutes Gewinn/Verlust-Verhältnis setzen und die richtigen Einstiegspunkte wählen, kann diese Strategie ohne große Schwankungen sehr profitabel sein.

6.3 Scalping

Die Scalping-Strategie ist nur für den sehr kurzfristigen Handel ausgelegt. Die Handelszeit umfasst meist nur wenige Sekunden bis Minuten. Nicht alle Exchanges erlauben diese Strategie, von daher prüfen Sie zunächst, ob Ihre Exchange geeignet ist. Die Idee dahinter ist es, viele sehr kleine Trades zu machen, mit jeweils kleinen Gewinnen und sehr engen Stop Losses. Die Scalping-Strategie funktioniert am besten in sehr liquiden Märkten. Sie funktioniert auch in Seitwärts-Trendphasen, aber achten Sie auf möglichst geringe Handelsgebühren. Die Gebühren werden aufgrund der hohen Anzahl der Trades immer einen Großteil des Gewinnes wieder vernichten.

6.3.1 Die Ein- und Ausstiege

Dazu betrachten Sie den Markt meistens auf einer sehr kleinen Zeiteinheit wie dem Tickchart oder direkt dem Orderbuch und suchen Zeitpunkte, an denen Sie eine Kursbewegung erwarten. Aber im Unterschied zu den anderen beiden Strategien schließen Sie die Position bereits nach den ersten ein oder zwei positiven Kerzen wieder.

Das hat den Vorteil, dass falsche Ausbrüche nicht zu hohen Verlusten führen, aber oft den Nachteil, dass Sie hohe Gewinne nicht mitnehmen. Stellen, die sich für die Scalping-Strategie eignen, sind Unterstützungslinien, Widerstände, Trendkanäle, Trendausbrüche, jegliche Art von Indikatorsignalen, Nachrichten und viele mehr. So einfach die Strategie auf den ersten Blick auch sein mag, sie erfolgreich umzusetzen erfordert sehr viel Erfahrung und Marktwissen.

Die Scalping-Strategie wird in zyklisch oder antizyklisch unterteilt. Zyklisch bedeutet, mit dem Trend zu handeln, und antizyklisch sind Scalper, die gegen den Trend handeln und auf Korrekturen setzen. Die Stops erfolgen sehr nahe am Markt, meist nur mit 3-

10 Punkten Abstand maximal. Hier gilt zu beachten, dass wieder nicht alle Exchanges so enge Stop Losses erlauben.

6.3.2 Fazit zum Scalping

Die Vorteile des Scalping sind, dass keine langfristigen Marktanalysen notwendig sind, es schnell zu vielen kleinen Gewinnen kommen kann und die Wertänderung des Portfolios durch die kurze Haltedauer sehr gering ist. Außerdem gibt es viele Handelssignale und Trading-Chancen, so dass Sie sehr aktiv handeln können.

Es ist jedoch auch ein sehr nervenaufreibender Zeitvertreib, der ständige Marktbeobachtung und absolute Disziplin erfordert. Außerdem entstehen durch die vielen Trades auch hohe Gebühren. Es ist also sehr viel mehr Erfahrung notwendig, als es auf den ersten Blick scheint. Die Scalping-Strategie ist hier auch nur der Vollständigkeit halber kurz aufgeführt, weil sie durchaus profitabel sein kann. Für die meisten Einsteiger ist sie jedoch nicht geeignet, da diese Strategie zu vielen impulsiven Fehltrades verleitet.

6.4 Automatisierter Handel

Geld verdienen im Schlaf, ohne dass Sie auch nur einen Finger krümmen müssen. So oder so ähnlich lauten die Versprechen der Anbieter solcher automatisierten Handelssysteme. Zunächst vorweg: Ja, möglich ist das. Aber bevor Sie Geld für ein Handelssystem ausgeben, stellen Sie sich eine Frage: Würden Sie selber eine Gelddruckmaschine verkaufen? Für wenige hundert Euro? Ich denke, da geht es Ihnen wie den meisten: Sollten Sie ein derartiges Handelssystem besitzen, ist es Ihr bestgehütetes Geheimnis. Da die Automatisierung des Handels jedoch die psychische Komponente, an der viele Trader scheitern, ausschaltet und es ermöglicht, parallel viel mehr Märkte zu beobachten, werden zumindest die Grundprinzipien des automatischen Handels kurz erläutert.

Auch als Privatperson können Sie von automatisierten Handelsstrategien profitieren. Dazu gibt es zwei verbreitete Ansätze: zum einen das Social-Trading und zum anderen sogenannte Expert-Advisor. Das sind Algorithmen, welche anhand von Indikatoren automatisch handeln.

6.4.1 Social-Trading

Es gibt für das Social-Trading, auch Copy-Trading genannt, Plattformen im Internet, wo andere Börsenhändler alle ihre Trades in Echtzeit veröffentlichen. Eine Liste solcher Anbieter und weitere Informationen finden Sie auf der Webseite http://social-trader.info. Sie als privater Trader können Ihr Handelsprogramm so einstellen, dass automatisch alle Trades in Ihren Account kopiert werden. Das funktioniert sowohl für Aktien, Rohstoffe und andere klassische Finanzprodukte als auch bei Kryptowährungen. Das bedeutet: Nachdem Sie einen Händler ausgewählt haben, werden automatisch alle Trades, die dieser Händler ausführt, gleichzeitig auch in Ihrem Account gehandelt. Risikomanagement und Positionsgröße können Sie jedoch alleine einstellen.

Dies ist eine bequeme Möglichkeit, von der Börsenerfahrung anderer zu profitieren und dabei auch noch zu lernen. Das Einrichten ist sehr einfach und wenn Sie auf den richtigen Experten setzen, ist dies eine profitable Variante, mit wenig Aufwand Geld zu verdienen. Meist sind bei dieser Form des Tradings die Gebühren jedoch höher als normal, weil die Trader, die öffentlich handeln, von diesen Gebühren bezahlt werden. Social-Trading ist also eine interessante Variante, die Sie durchaus in Erwägung ziehen können. Falls Sie sich für das Thema interessieren, können Sie sich auf http://social-trader.info weiter informieren.

6.4.2 Expert-Advisors

Der Handel mit der Daytrading-Software Metatrader kann mit Hilfe von sogenannten Expert-Advisor komplett automatisiert werden. Dies ist für private Anleger die häufigste und einfachste Möglichkeit, ihren Handel komplett zu automatisieren. Diese Expert-Advisor können Sie auf verschiedenen Internetseiten kaufen oder aber selbst programmieren.

Die Grundidee ist, dass die Handelssignale von den bereits vorhandenen oder ebenfalls selbst geschriebenen Indikatoren automatisch umgesetzt werden. Dazu bietet Metatrader eine eigene Programmiersprache MQL an. Die Version 4 ähnelt dabei sehr stark der Programmiersprache C, während MQL5 an C++ angelehnt ist. Sie müssen kein Programmierexperte sein, um eigene Handelssysteme zu entwerfen. Sehen Sie sich dazu die Dokumentation und einige frei verfügbare Expert-Advisor an und es kann losgehen. Wenn Sie Ihre Strategie umgesetzt haben, können Sie diese in Metatrader automatisch einem Backtest unterziehen. Das bedeutet, dass Sie anhand von historischen Kursdaten prüfen, wie Ihr Algorithmus sich am Markt geschlagen hätte. Das kann übrigens auch für andere Strategien ein nützliches Hilfsmittel sein. Die Ergebnisse aus Backtests lassen jedoch nur sehr eingeschränkt

Rückschlüsse auf künftige Ergebnisse zu. Die genauen Ursachen dafür führen an dieser Stelle jedoch zu weit. Wenn Sie also Ihre Strategie programmiert oder gekauft haben, benötigen Sie noch einen Rechner, der permanent online ist, und dort können Sie dann Ihre automatisierte Strategie laufen lassen.

6.4.3 Handelsbots

Im Kryptotrading-Bereich gibt es fertige voll automatische Handelssysteme zu kaufen, die auch Bots genannt werden (abgeleitet von Roboter). Neben reinen Handelssignalen, die in der Regel nicht profitabel sind, gibt es zwei Arten von Bots, die derzeit vielversprechend sind: „Arbitrage-Bots“ und „Coin-Lending-Bots“.

Arbitrage-Bots beobachten automatisiert die verschiedenen Handelsplätze und entdecken Unterschiede im Kurs die sich durch geschicktes Kaufen und Verkaufen ausnutzen lassen. Ein Beispiel dafür ist das Angebot von Cindicator, welches jedoch preislich das Budget der meisten Einsteiger überschreitet. Wenn Sie an diesem Thema Interesse haben, ist Cindicator jedoch ein guter Anfang.

Die Coin-Lending-Bots suchen automatisiert Kryptowährungen welche die höchsten Renditen im Verleih erzielen. Mehr dazu im Abschnitt über die Coin-Lending-Strategie. Diese Bots finden Sie kostenlos auf github.com. Die Konfiguration ist recht einfach. Sie erstellen entsprechende Handelsaccounts und konfigurieren den Bot einmalig und der Rest läuft dann automatisiert. Auf der Webseite finden Sie eine ausführliche Anleitung zu dem Thema.

6.5 Newstrading

Beim Newstrading reagieren Sie auf aktuelle Nachrichten und die daraus resultierenden Marktbewegungen oder positionieren sich dementsprechend im Vorfeld. Im Prinzip sind immer alle öffentlich verfügbaren Nachrichten und die Erwartungen der Investoren im aktuellen Kurs bereits enthalten. Deshalb gibt es auch Marktteilnehmer, die grundsätzlich keine Nachrichten ansehen und ausschließlich den Chart analysieren. Bei Kryptowährungen können Gerüchte über mögliche staatliche Regulierungen, Abspaltungen, neue Kryptowährungen, technologische Weiterentwicklungen und ähnliches für sehr drastische Kursschwankungen sorgen. Insbesondere beim gehebelten Handel mit Kryptowährungen sollten Sie also die aktuelle Nachrichtenlage stets verfolgen. Einen schematischen Ein- oder Ausstieg gibt es in diesen besonderen Situationen nicht. Sie haben jedoch verschiedene Möglichkeiten: Beispielsweise können Sie sich im Vorfeld Short oder Long positionieren, wenn Sie eine Bewegung in eine bestimmte Richtung erwarten. Sie können sich aber auch mit Hilfe von Stop Buy/Sell-Ordern in beide Richtungen positionieren. Wenn der aktuelle Kurs beispielsweise bei 10.000 Euro liegt, platzieren Sie eine Stop-Buy-Order bei 10.100 Euro auf Long und eine Stop-Sell-Order bei 9.900 Euro auf Short. Achten Sie aber auf einen ausreichend großen Abstand zum aktuellen Kurswert, um Fehlausschläge zu vermeiden.

Eine weitere Möglichkeit ist es, die Korrektur zu handeln. Also die erste Bewegung auf eine Nachricht abzuwarten und danach erst einzusteigen. Häufig ist es so, dass die Marktteilnehmer überreagieren, dies führt zu kurzfristigen Ausschlägen, die sich jedoch meist wieder relativieren.

Obwohl Newstrading in der Regel kurzfristig ist und Sie nur die kurze Phase der Bewegung bzw. Korrektur nach der Nachricht handeln, bieten sich Nachrichten auch für den langfristigen Einstieg an. Wenn negative Schlagzeilen beispielsweise gerade für einen niedrigen Kurs sorgen, Sie aber langfristig an das Projekt glauben, ergibt sich ein guter Einstiegszeitpunkt auch für langfristige Positionen.

Um stets einen aktuellen Überblick über die Nachrichtenlage zu haben, können Sie mit einem RSS-Feedreader die wichtigsten Blogs im Krypto-Bereich abonnieren. Große Mainstream-Medien haben zwar oft wenig fachliche Kompetenz, aber durch ihre enorme Reichweite sind sie für das Newstrading dennoch relevant. Außerdem sollten Sie entsprechende Social-Media-Kanäle abonnieren wie Twitter oder Facebook. Es gibt für kurzfristige Handelssignale außerdem noch den populären Messenger-Telegram, der sich in der Kryptoszene etabliert hat. Hier gibt es viele thematisch relevante Gruppen, in denen Sie Handelssignale erhalten oder sich mit anderen austauschen können. Teilweise haben diese Gruppen viele tausend Mitglieder und bieten auch bezahlte Handelssignale an. Auch auf ccinvestor.de finden Sie einen kostenlosen Newsletter, in dem Sie aktuelle Informationen zum Kryptomarkt erhalten.

Achten Sie beim Newstrading wieder auf die Stop-Setzung und darauf, dass Sie Ihre Positionsgröße entsprechend Ihres Risikomanagements anpassen. Beim Newstrading sollten Sie auf ein Gewinn/Risiko-Verhältnis von mindestens 2:1 setzen. Das bedeutet, dass Sie beispielsweise einen Stop Loss bei einem Verlust von 100 Euro setzen und einen Take Profit bei 200 Euro.

6.5.1 Exkurs: Vorsicht vor Pump and Dump

Pump-and-Dump steht wörtlich übersetzt für „pumpen und entleeren" und ist eine besondere Form des Newstradings, bei dem eigentlich keine Nachricht existiert. Es gibt dazu online diverse Communities mit vielen tausend Mitgliedern, in denen beispielsweise per Telegram-Messenger Kaufsignale verbreitet werden. Beim Pump-and-Dump kaufen viele dieser Mitglieder die vorgestellte Kryptowährung innerhalb kurzer Zeit und sorgen so für einen deutlich sichtbaren Kursanstieg. Auch andere Marktteilnehmer sehen diesen Kursanstieg und aus Angst, etwas zu verpassen, steigen diese ein und kaufen die bereits stark gestiegene Kryptowährung.

Die Mitglieder dieser Gruppe beginnen dann bereits wieder mit dem Verkauf und nehmen ihre Gewinne mit. Der Kurs fällt dann also genau so schnell wieder, wie er gestiegen ist. Daher der Name Pump-and-Dump: Kurzfristig wird viel Geld in eine oft wertlose Kryptowährung gesteckt und nach einem kurzen Anstieg dann auch genau so schnell wieder herausgezogen. Sie sollten als solider Investor derartige Fallen meiden. Für langfristige Investments ist diese Strategie völlig ungeeignet, da Anstieg und Verfall oft innerhalb weniger Minuten oder Stunden stattfinden. Die Betreiber solcher Gruppen profitieren natürlich trotzdem stark davon, da sie immer die ersten sind, die kaufen bzw. verkaufen. Ich empfehle, als Einsteiger diese Strategien ganz zu meiden und nicht an solchen Communities teilzunehmen.

6.5.2 Fazit zum Newstrading

Newstrading ist eine gute Möglichkeit, von aktuellen Nachrichten zu profitieren. Der Nachteil ist, dass Sie stets auf dem Laufenden sein müssen, wobei das ohnehin in einem sehr volatilen Markt wie Kryptowährungen empfehlenswert ist. Mit dem richtigen Risikomanagement kann Newstrading sehr profitabel sein, insbesondere bei gehebelten Positionen.

6.6 Hedging

Zum Absichern vor Verlusten gibt es die Hedge-Strategie. Diese hat das Ziel, die Wertschwankungen im Portfolio zu verringern und ist ein schönes Beispiel für die sinnvolle Kombination von kurzfristigem Daytrading und langfristigen Investitionen. Dazu wird ein kurzfristiger gehebelter Handel eröffnet, welcher die langfristige Position absichert.

Wenn Sie langfristig auf den Anstieg einer Kryptowährung spekulieren, würden Sie also kurzfristig vor einer kritischen Nachricht eine Short-Position eröffnen, welche die möglichen Verluste reduziert. Dieses Verfahren ist in der Finanzwelt üblich, beispielsweise bei Hedge-Fonds, und wird am besten an einem vereinfachten Beispiel deutlich.

6.6.1 Beispiel für die Hedge-Strategie

Nehmen wir an, Sie haben 4 Bitcoins mit einem Gesamtwert von ca. 40.000 Euro in Ihrer Wallet. Jetzt droht für das Wochenende eine schlechte Nachricht, weil ein größeres Land mit einem Verbot von Kryptowährungen gedroht hat und sich am Wochenende entscheidet, ob dieses umgesetzt wird.

Sie können jetzt im Vorfeld, um sich gegen mögliche Verluste abzusichern, eine kurzfristige Gegenposition bei einem Broker oder einer Exchange eröffnen, der/die Margintrading erlaubt. Das Ziel dieser Short-Position ist es, dass Sie gegen die Kursschwankung abgesichert sind. Es geht in diesem Beispiel nicht um Profit.

Sie kaufen jetzt also vor dem Wochenende der Nachricht 4 Short-CFD. Da die Sicherheitsleistung bei Bitcoin nur 5 % beträgt, benötigen Sie dafür 2.000 Euro.

Wenn der Bitcoin-Preis jetzt um 10 % fällt, haben Ihre 4 Bitcoins 4.000 Euro an Wert verloren. Auf der anderen Seite aber hat Ihre CFD-Position ca. 4.000 Euro an Gewinn erzielt. Sie haben also im Idealfall keine Verluste erlitten.

Sollte die Nachricht anders als erwartet ausfallen und der Kurs sich trotz der Nachricht positiv entwickeln, würde ihre CFD-Position an Wert verlieren und ihre 4 Bitcoins in der Wallet an Wert gewinnen. In jedem Fall können Sie die CFD-Position schließen, wenn Sie davon ausgehen, dass die größten Schwankungen vorbei sind. Sie sind im Idealfall ohne Verluste durch die Situation gekommen.

Beim Hedge-Geschäft geht es also um die Reduzierung von Risiken und im Idealfall können Sie diese komplett vermeiden, da die Gewinne und Verluste sich ausgleichen. Dies ist jedoch nur in der Theorie möglich. Im Beispiel wurden auch Transaktions- und Handelsgebühren vernachlässigt.

6.6.2 Fazit zur Hedge-Strategie

Die Hedge-Strategie eignet sich gut für alle langfristigen Investoren, die kurzfristige Schwankungen des Portfolios reduzieren wollen, ohne ihre Kryptowährungen zu verkaufen. Das kann beispielsweise sinnvoll sein, um Haltefristen von Kryptowährungen nicht zu verletzen.

7 Strategien für langfristige Investitionen in Kryptowährungen

Die nachfolgenden Strategien sind für langfristige Investitionen und passive Renditen durch Kryptowährungen geeignet.

7.1 Buy and Hold

Die „Buy and Hold"-Strategie ist die wohl einfachste Strategie und ein Klassiker für fast alle Investitionen. „Buy and Hold" kommt aus dem Englischen und steht für kaufen und halten, und genau das tun Sie auch. In der Szene der Kryptowährungen wird diese Strategie oft auch mit „hodl" bezeichnet. Dieser Name stammt ursprünglich von einem Tippfehler für „hold" in einem Bitcoin-Forum im Jahre 2013, als ein betrunkener User berichtete, dass er seine Kryptowährungen nicht verkaufen wird. Der Erfolg dieser Strategie beruht dabei auf zwei Prinzipien: Diversifikation und Geduld.

Noch einmal zur Erinnerung: Diversifikation heißt hier das Aufteilen Ihres investierten Kapitals auf mehrere verschiedene Kryptowährungen. Geduld muss auch nicht weiter erklärt werden. Aber interessant zum Thema Geduld ist die Geschichte von Laszlo Hanyec. Dieser bestellte am 22.05.2010 für 10.000 Bitcoins, die umgerechnet damals ca. 40 $ Wert waren, zwei Pizzen im Internet und führte so die erste bestätigte Bitcoin-Transaktion gegen reale Waren durch. Damals im Internet dafür gefeiert, dürfte Laszlo sich bis heute noch ärgern, wenn jedes Jahr zum Jahrestag seiner Transaktion der Bitcoin-Pizza-Day gefeiert wird. Die beiden Pizzen wären heute umgerechnet über 70 Millionen Dollar wert. Aber wie sagt man so schön: Geld kann man schließlich nicht essen.

Da es bei Wallets von Kryptowährungen keinerlei Depotführungskosten oder ähnliches gibt, ist diese Strategie, nach den einmaligen Transaktionsgebühren, auch kostenneutral. Hier würden Sie direkt Kryptowährungen kaufen, diese in eine Wallet legen und abwarten.

7.1.1 Die Umsetzung

Als „Buy and hold"-Investor führen Sie die folgenden Schritte einmalig oder mehrfach durch:

- kaufen / anlegen von Kryptowährungen
- abwarten
- ggf. Neuverteilung der Vermögenswerte / Investment erhöhen
- ggf. verkaufen

Als „Buy and Hold"-Investor gibt es keine konkreten Einstiegssignale. Wenn Sie eine Investition lange genug halten, ist der Kaufzeitpunkt auch nicht mehr so wichtig. Gerade bei größeren Summen lohnt sich jedoch ein schrittweiser Einstieg in die Positionen. Sie warten also zunächst eine Korrektur oder einen Tiefpunkt im Kurs ab und steigen dann nach und nach ein. Wenn Sie beispielsweise 10.000 Euro investieren wollen, kaufen Sie über zwei Monate verteilt jeweils für 1.250 Euro pro Woche verschiedene Kryptowährungen. Beim Verkaufen gehen Sie analog dazu vor. So erhalten Sie im Durchschnitt den besten Kurs.

Wichtig ist bei dieser Strategie und größeren Beträgen auch, dass Sie Ihre Kryptowährungen in Ihrer eigenen Wallet lagern und diese entsprechend absichern.

7.1.2 Die Neuverteilung von Vermögenswerten

Dieser Schritt ermöglicht es Ihnen, das Risiko Ihres Portfolios möglichst konstant zu halten und die Volatilität (Wertschwankungen) zu reduzieren. Sie haben beispielsweise ein Portfolio im Wert von 10.000 Euro, welches zu 50 % in Bitcoin und zu 50 % in Ethereum investiert ist.

Nehmen wir an, dass sich in dieser Situation dann der Bitcoin-Kurs verdoppelt, während Ethereum ohne ersichtlichen Grund stagniert. Jetzt haben Sie die Situation, dass Ihr Portfolio 15.000 Euro wert, jedoch nicht mehr zu 50:50 aufgeteilt ist. Das Risiko und die Schwankungen des gesamten Portfolios können so wesentlich höher ausfallen, da sie viel stärker nur von einer Kryptowährung abhängen.

Jetzt kann es sinnvoll sein, Ihre Bitcoin teilweise in Ethereum umzuverteilen. Dies klingt zunächst unintuitiv, da Sie von der Kryptowährung, die viel Profit gemacht hat, auf eine umverteilen, welche stagniert. Aber Sie halten auf diese Weise das Risiko konstant und reduzieren die Schwankungen. Außerdem ist die Chance, dass Ethereum jetzt ebenfalls steigt, wesentlich höher, da die meisten Kryptowährungen in einer starken Beziehung zueinander stehen und die Kurse oft in dieselbe Richtung gehen. Beides erreichen Sie, wenn Sie auf die ursprüngliche 50:50-Verteilung zurückgehen.

Diese Neuverteilung in Ihrem Portfolio wird in der Finanzwelt auch „Rebalancing“ genannt und sollte über alle Ihre Vermögenswerte hinweg durchgeführt werden. Wie oft Sie das tun, hängt von Ihren persönlichen Investitionszielen ab. Wenn Sie regelmäßig nachkaufen, können Sie durch die Zukäufe entsprechend neuverteilen. Sollten Sie lediglich eine einmalige Investition verwalten, empfiehlt es sich, etwa einmal pro Monat die prozentualen Verteilungen zu prüfen.

7.1.3 Kriterien für die Auswahl guter Kryptowährungen

Anders als bei sehr kurzfristigen Investitionen reicht es nicht aus, nur auf den Trend zu setzen. Je länger Sie eine Kryptowährung halten, desto höher ist das Risiko. Daher ist es um so wichtiger, die Kryptowährung zuvor ausführlich zu analysieren. Die folgenden Kriterien können wichtige Hinweise darauf geben, ob sich die Investition in eine Kryptowährung lohnt.

Die Idee

Das Wichtigste an einer neuen Kryptowährung ist zunächst die Idee. Welches Produkt steckt dahinter und wofür wird sie später eingesetzt. Sie sollten nur in Ideen investieren, die Sie auch verstehen. Wichtig bei der Idee ist vor allem, dass sie ein reales Problem löst.

Das Team und die Geschichte

Eine gute Idee alleine ist nichts wert, wenn nicht ein Team dahintersteht, welches die Idee umsetzt. Deshalb ist das Team ein wichtiger Faktor bei der Bewertung der Coins. Prüfen Sie die Referenzen, die Ausbildung und die fachliche Kompetenz des Teams soweit wie möglich. Sollten die Teammitglieder nicht namentlich genannt werden oder keine anderen Informationen über die Personen auffindbar sein, sollten Sie skeptisch sein. Viele große Kryptowährungen haben neben dem Team auch noch ein sogenanntes Board. Dies sind Projektberater, die das Projekt mit ihrem Wissen unterstützen und dafür in der Regel Anteile erhalten. Gute Kryptowährungen verfügen in der Regel auch über ein gutes Board mit prominenten Mitgliedern, die entsprechende Erfahrungen nachweisen können. Insgesamt muss also Team, Board und die dahinter stehende Geschichte des Projektes stimmig sein.

Die aktuelle Bewertung

Hier spielt die aktuelle Marktkapitalisierung eine große Rolle und auf welchen Marktplätzen die Coins gekauft werden können. Wenn der Handel derzeit beispielsweise nur auf kleinen Exchanges möglich ist, ist die Listung an einer größeren Börse ein Garant für ein hohes Wachstum. Dann sollten Sie betrachten, wie viele Coins aktuell im Umlauf sind, wie viele es insgesamt geben wird und ob die Anzahl der Coins begrenzt ist. Bitcoin beispielsweise ist auf 21.000.000 Coins begrenzt, während andere Kryptowährungen wie SIACOIN unbegrenzt sind. Der letzte Punkt bei der Bewertung ist die aktuelle Verteilung der Coins. Bei guten Coins ist ein Großteil im Umlauf. Je konzentrierter die Coins auf wenige Personen begrenzt sind, um so riskanter ist ein Investment.

Das Potential

Potential in diesem Zusammenhang bedeutet, ob eine Kryptowährung noch weiter gesund wachsen kann. Teilweise gibt es auch sehr gute Ideen, die aber schon mit einer Marktkapitalisierung von Milliarden von Dollar bewertet sind. Hier ist ein Einstieg in der Regel nicht mehr lohnenswert, da nur sehr wenige Ideen eine derart hohe Bewertung rechtfertigen. Betrachten Sie das Potential einer Idee also im Vorfeld und vergleichen Sie wenn möglich mit anderen Kryptowährungen oder Firmen, die bereits etabliert sind.

Das Produkt und die Roadmap

Für die Bewertung eines Projektes ist auch der aktuelle Stand des Unternehmens wichtig. Gibt es bereits ein bestehendes Produkt, aktive Nutzer und eine Roadmap, wie dieses in Zukunft weiterentwickelt wird? Die Roadmap beschreibt die nächsten Schritte des Projektes und bis wann diese umgesetzt werden. Verdient das Unternehmen bereits Geld? Teilweise gibt es Kryptowährungen, die lediglich ein Whitepaper vorweisen können, in dem die Idee grob skizziert ist. Sie sollten nur in Kryptowährungen investieren, die entsprechend bereits etwas vorzuweisen haben und die Roadmap bei Ihren Investitionen im Auge behalten. Besonders vor der Veröffentlichung von neuen relevanten Funktionen kann sich ein Einstieg lohnen, wenn absehbar ist, dass die Termine eingehalten werden. Auch für technische Laien sollte das Produkt verständlich sein und aus der Roadmap sollte ersichtlich sein, wohin die Reise geht. Testen Sie im Idealfall das Produkt auch selbst. Prüfen Sie bei Open-Source-Projekten, wie aktiv die Community auf github oder anderen Webseiten ist. Sie können dort einsehen, wie oft und wann neue Versionen verfügbar sind. Eine aktive Community kann auch ein guter Indikator sein für ein erfolgreiches Projekt.

Die Prognose

Erstellen Sie aus den bisherigen Informationen eine konservative Prognose, wohin der Wert der Kryptowährung sich über den anvisierten Investitionszeitraum entwickelt. Sollte der Kurs stark von Ihrer Prognose abweichen oder über einen längeren Zeitraum stagnieren und auch die Roadmap nicht eingehalten werden, trennen Sie sich von Ihrer Investition. Die Abweichung von der Prognose ist dabei in beide Richtungen wichtig. Auch wenn eine Kryptowährung deutlich nach oben abweicht, kann es sinnvoll sein, erst einmal einen Teil der Gewinne mitzunehmen und neu zu verteilen. Manchmal gibt es Hypes um neue Kryptowährungen und auch wenn eine gute Idee dahinter steckt, führt dies zu einer Überbewertung. In diesem Fall nehmen Sie Ihre Gewinne mit und warten ab, bis der Hype sich gelegt hat.

Fazit zu Buy and Hold

Die „Buy and Hold“-Strategie ist eine der wenigen Bereiche im Leben, wo sich nicht harte Arbeit auszahlt, sondern abwarten und nichts tun. Das ist aber wohl auch einer der Gründe, warum viele Anleger immer noch so große Probleme damit haben. Besonders in unklaren Zeiten fühlen wir uns einfach besser, wenn wir irgendetwas unternommen haben. Dann können wir wenigstens sagen, wir haben es versucht. Auch wenn diese Strategie wenig unterhaltsam klingt, ist sie für die meisten Anleger die beste Wahl. Auch aktive Daytrader sollten einen Teil ihrer Kryptowährungen auf diese Weise anlegen.

Die große Herausforderung bei der Buy-and-Hold-Strategie ist es, die richtigen Kryptowährungen aus der Vielzahl von Angeboten herauszusuchen. Solche Analysen können sehr zeitaufwändig sein und erfordern viel technisches Fachwissen. Auf der ccinvestor.de finden Sie deshalb speziell für längerfristige Investments die Premium-Analysen, in denen noch neue Kryptowährungen ausführlich analysiert werden, bevor der Preis zu hoch ist.

7.2 Coin-Lending

Coin-Lending – konstante Rendite durch den Verleih von Kryptowährungen. Wenn Sie eine Short-Position auf einer der großen Exchanges für Kryptowährungen bzw. bei einem Broker eröffnen, verkaufen Sie geliehene Kryptowährungen. Dies geschieht in der Hoffnung, diese später zu einem günstigeren Zeitpunkt zu kaufen und die geliehenen Kryptowährungen zurückzugeben. Auch Margintrader leihen sich regelmäßig Kryptowährungen für ihre Handelspositionen. Soweit sollte dieses Vorgehen mittlerweile bekannt sein.

Beim Coin-Lending nehmen Sie die Position desjenigen ein, der diese Kryptowährungen verleiht. Nehmen wir an, Sie haben einen Bitcoin im Wert von 10.000 Euro. Dann können Sie diesen an jemanden verleihen. Dafür gibt es Programme, die diesen Vorgang automatisieren, auch „Coin Lending Bots“ genannt. Sie finden diese als Open-Source-Software auf Webseiten wie github. Prüfen Sie jedoch durch eine genaue Recherche vorher, welchen Bot Sie einsetzen, oder informieren Sie sich auf der Webseite zum Buch weiter zu diesem Thema.

Große Exchanges erledigen diesen Ausleihvorgang übrigens völlig transparent für Sie. Dazu „parken“ Sie Ihre Kryptowährungen lediglich auf einer speziellen Wallet und erhalten eine fixe Rendite. Die Zinssätze pro Jahr variieren dabei stark und reichen von 2 % bis hin zu 200 %. Die Laufzeit können Sie selbst einstellen, sie reicht von wenigen Tagen bis hin zu mehreren Wochen oder Monaten.

7.2.1 Fazit zum Coin-Lending

Coin-Lending ist eine sehr einfache Variante, passiv Geld zu verdienen, ohne großen Aufwand und ohne sich weiter mit dem Markt zu befassen. Auch für langfristige Investoren ist dies eine gute Möglichkeit, ein Zusatzeinkommen mit Hilfe ihrer Kryptowährungen zu verdienen. Sie benötigen dazu lediglich einen Handelsaccount auf einer der großen Exchanges, die das Verleihen von Kryptowährungen anbietet.

7.3 Staking von Kryptowährungen

Staking von Kryptowährungen ermöglicht es Ihnen, völlig passiv eine Rendite auf die von Ihnen gehaltenen Kryptowährungen zu erhalten. Alles, was Sie dafür tun müssen, ist, die richtigen „Proof of Stake“-Kryptowährungen zu kaufen und in Ihrer eigenen Wallet aufzubewahren.

Die durchschnittlichen zu erwartenden Renditen liegen je nach Kryptowährung bei ca. 3-8 % pro Jahr, basierend auf der historischen Wertentwicklung.

Das Konzept ist denen von Dividenden bei Aktien ähnlich. Alle Anteilhaber an einer Firma, die Aktien besitzen, erhalten jährlich einen Teil des Gewinns als Dividende ausgezahlt. Genau so funktioniert es bei einigen Kryptowährungen, die Ihnen eine Dividende auszahlen. „Proof of Stake“ bedeutet übersetzt „Nachweis Ihres Anteils“. Sie beweisen also, dass Sie Anteile einer bestimmten Kryptowährung besitzen und somit auch ein berechtigtes Interesse, dass alles korrekt funktioniert. Technisch dient der „Proof of Stake“-Algorithmus der Konsensfindung, also vereinfacht gesagt der Einigung darüber, welche Transaktionen legitim sind und welche nicht. Als Investor brauchen Sie diese Details jedoch nicht weiter zu kennen. Sie müssen lediglich wissen, welche Kryptowährungen sich für das Staking eignen. Kryptowährungen, die sich für das Staking eignen, sind beispielsweise der NEO Coin, Dash, Stratis oder Reddcoin.

7.3.1 Fazit zum Staking von Kryptowährungen

Als Langzeit-Investor profitieren Sie automatisch vom Staking, wenn Sie die Kryptowährungen in Ihrer eigenen Wallet halten. Sie müssen also gar nichts weiter tun. Insofern ist dies eine perfekte Ergänzung zur „Buy and Hold“-Strategie. Wer auf passive Renditen aus ist, sollte gezielt nach solchen „Proof of Stake“-Kryptowährungen suchen und hier entsprechend investieren.

8

Initial Coin Offering (ICO)

Im Zuge des Bitcoin-Booms und der jüngsten Wertsteigerung zahlreicher anderer bekannter oder weniger bekannter Kryptowährungen steigen nicht nur die Kurse der einzelnen Kryptowährungen rasant an, sondern auch die Zahl der jährlichen ICO. Fast täglich erscheint eine neue Kryptowährung (umgangssprachlich aus dem Englischen oft als Coin bezeichnet bzw. Cryptocoin) oder ein neues Startup, das für eine Idee auf diese Weise Geld einsammeln will.

Initial Coin Offering, kurz ICO, oder – wie sie vereinzelt auch genannt werden – Initial Public Coin Offering, kurz IPCO, sind mit einem „regulären" Börsengang einer Firma vergleichbar: Wenn eine Firma an die Börse geht, verkauft sie Anteile in Form von Aktien an die Investoren. Die Investoren erhalten dafür Anteile an der Firma und je nach Aktientyp auch Mitbestimmungsrechte oder jährliche Dividenden. Ähnlich ist es bei einem ICO. Hier erzeugt die Firma eine neue Kryptowährung wie Ethereum und bietet diese zum Verkauf an. Die maximale Summe der neuen Kryptomünzen (engl. Coins) ist begrenzt. Häufig behält die Firma einen größeren Teil für sich und gibt zwischen 20 % und 80 % an die Investoren. Diese bezahlen ihren Anteil mit einer Währung wie Euro oder erhalten ihre erworbenen Anteile im Austausch gegen eine andere Kryptowährung (z. B. Bitcoin, Ethereum etc.).

Die Motivation für die Teilnahme an einem ICO kann rein finanziell sein, weil Sie beispielsweise auf eine hohe Rendite hoffen. Sie kaufen die neue Kryptowährung zum ICO-Zeitpunkt, und wenn der Wert gestiegen ist, können Sie diese wieder verkaufen. Bei anderen Kryptowährungen wiederum erhalten Sie Zugriff auf Ressourcen oder die Projekte des Unternehmens, das Sie finanzieren.

Ein Beispiel dafür ist der SIACOIN, bei welchem der Käufer/Investor über sogenannte SIA Coins das Recht erwirbt, gemessen an der Höhe seines Anteils künftig einen von dem dahinterstehenden Unternehmen angebotenen Speicherplatz nutzen zu dürfen.

8.1 Vor- und Nachteile von ICO

Die Vorgehensweise Kapital mittels eines ICO zu beschaffen, ist praktisch gar nicht reguliert. Jeder kann innerhalb weniger Tage eine eigene Kryptowährung herausbringen. Gerade das macht dieses Finanzierungsmodell insbesondere für Startups und Firmen, deren Geschäftsmodell ohnehin auf der Blockchain-Technologie beruht, so attraktiv.

Die irrationale Angst, etwas zu verpassen, der aktuelle Hype und die Gier der Anleger teilweise führen dazu, dass oft auch total inhaltslose Projekte, die nicht viel mehr als eine Webseite und ein paar Seiten Konzept haben, vielfach überfinanziert sind. Auch Spaß-ICO wie ein Fuck-Coin oder Beer-Coin sind ausreichend, um Gelder einzusammeln. Gerade deshalb sind in diesem Bereich aber auch viele Betrüger unterwegs. Ein Beispiel dafür ist der OneCoin, deren Gründer mittlerweile verhaftet wurden.

Wenn Sie vorhaben, an ICO teilzunehmen, sollten Sie sich dieser Gefahr bewusst sein. An der klassischen Börse ist das Risiko hier am ehesten mit Pennystocks vergleichbar. Praktisch wertlose Aktien, von denen aber einige immer einmal wieder um ein paar tausend Prozent innerhalb kürzester Zeit im Wert steigen.

Das Risiko für Investoren ist bei ICO sehr hoch, was im Umkehrschluss aber auch eine sehr hohe Rendite ermöglicht.

Bei guter Diversifikation können Sie das Risiko verringern. Außerdem können Sie direkt an neuen großen Ideen teilhaben, was sonst nur sehr finanzstarken Investoren vorbehalten war. Eine Studie von VC Mangrove Capital (http://www.mangrove.vc/ico-report2017) fand beispielsweise heraus, dass, wenn Sie wahllos in 204 ICO im Jahre 2017 investiert hätten, Sie eine durchschnittliche Gesamtrendite von 1.320 % gehabt hätten. Derartige Zahlen sind in kaum einem anderen Finanzbereich bisher jemals möglich gewesen.

Bei der Rendite ist jedoch auch wichtig, dass Sie diese im Verhältnis zum richtigen Index betrachten. Das heißt, dass Sie nicht nur die 10 % oder 50 % Rendite sehen, sondern als Vergleichswert zum Beispiel den Bitcoin nehmen und dessen Wertsteigerung im gleichen Zeitraum. Wenn der Bitcoin in derselben Zeit um 50 % steigt oder gar um 80 %, dann ist Ihre ICO-Investition nicht lohnenswert.

Möglicherweise basiert ja das nächste Facebook, Google oder Amazon auf der Blockchain-Technologie und Sie sind von Anfang an dabei.

8.2 Teilnahme an einem ICO

Wenn Sie an einem ICO teilnehmen wollen, gibt es dazu auf der Webseite des jeweiligen Projektes meist ausführliche Informationen. Oft gibt es für die ICO-Phase auch einen Rabatt oder weitere Vorzüge, um einen zusätzlichen Anreiz für neue Investoren zu schaffen.

In der Regel ist der Ablauf so, dass Sie eine Kryptowährung wie Ethereum beispielsweise auf einer Exchange kaufen und in Ihre Wallet übertragen.

Wenn dann der ICO gestartet ist, überweisen Sie auf die öffentliche Wallet-Adresse der Firma Ihren Ethereum-Anteil und erhalten entsprechend die Coins der neuen Kryptowährung in Ihre Wallet überwiesen. Einige ICO verlangen zusätzlich noch einen Verifizierungsprozess (KNC – Know Your Customer), bei dem Sie Ihre Identität bestätigen müssen.

Sobald die neue Kryptowährung an einer öffentlichen Exchange gehandelt wird, können Sie Ihre Anteile verkaufen oder einfach auf einen weiteren Anstieg hoffen und die Coins behalten. Alternativ können Sie auch vorher schon mit den Anteilen direkt mit anderen Besitzern handeln.

Die meisten neuen Coins werden auf Basis von Ethereum geschaffen. Bei beliebten ICO ist das Ethereum-Netzwerk, dessen Transaktionen erst bestätigt werden müssen, oft überfordert. Deshalb empfiehlt es sich, das Gas-Limit, also die Transaktionsgebühren, mit denen Sie die Miner bezahlen, entsprechend höher zu setzen, um sicherzugehen, dass Ihre Transaktion auch rechtzeitig ankommt. Viele ICO haben einen Höchstbetrag, nach dem keine weiteren Zahlungen mehr angenommen werden, und dieser ist bei beliebten ICO schnell erreicht.

Ebenso gibt es oft einen Mindestbetrag für einen ICO. Wenn diese Summe nicht zustandekommt, erhalten Sie Ihr investiertes Geld zurück.

Für Details lesen Sie sich am besten vorher die Teilnahmebedingungen für den jeweiligen ICO durch und lesen Sie auch das Konzept. Investieren Sie nur, wenn Sie das Konzept verstanden haben.

8.3 Das Risiko von ICO für Investoren

Für Investoren birgt diese Form der Kapitalanlage bzw. des Investments aber auch zahlreiche Risiken. Denn wer Kryptowährungen kauft, beteiligt sich zwar an einem Projekt bzw. er erwirbt eine „Währung“, macht letztlich aber nichts anderes als auf einen möglichst großen Erfolg dieser neuen Kryptowährung zu spekulieren. Oder noch genauer gesagt: auf die Technologie, welche (vermeintlich) dahintersteht und zu Beginn des ICO angepriesen wird.

Und genau dies ist der entscheidende Punkt. Denn anders als bei IPO, welche finanzmarkttechnischen Regularien und der Überprüfung durch Aufsichtsbehörden unterliegen, ist dieser Bereich weitestgehend unreguliert. Deshalb wird diese Möglichkeit der Kapitalbeschaffung vor allem von Startups, welche sich oft nicht mit den strengen und langjährigen Finanzmarktregulierungen beschäftigen wollen oder können, bevorzugt. Statistiken zeigen aber, dass über 90 % der Startups scheitern, egal ob sie die Bockchain nutzen oder nicht. Für Ihre Investition bedeutet das einen Totalverlust.

Zahlreiche Experten sprechen sich daher für eine Regulierung dieses Marktes aus. China beispielsweise ließ Anfang 2017 sämtliche Kryptobörsen schließen und alle ICO verbieten. Die russische Regierung warnte in der Folge dessen Investoren davor, sich an solchen Kapitalmaßnahmen zu beteiligen und in Unternehmen, welche zu diesem Mittel greifen, zu investieren.

Doch so sehr sich Experten und Bracheninsider gegen oder für eine Regulierung aussprechen, gilt es zu beachten, dass bisher der rechtliche Rahmen für solche Maßnahmen fehlt. Und da die Politik in der Regel eher langsam ist, wird dieser Markt wohl auch in naher Zukunft noch unreguliert sein.

Dies wiederum birgt für Investoren ein enorm hohes Maß an Rechtsunsicherheit, da diese Möglichkeiten auch Betrügern leichtes Spiel bieten.

Häufig ist es zudem, gerade zu Beginn, in der frühen Startup-Phase, schwer einzuschätzen, wie ausgereift die beworbene Technik eines Unternehmens wirklich ist. Weiterhin ist zudem unklar, ob sich diese künftig durchsetzen oder von Konkurrenten chancenlos überholt wird. Doch die Investoren der ersten Stunde spekulieren natürlich auch auf einen möglichst hohen Kursgewinn, welchen sie dank eines möglichen Investments in einer frühen Phase erzielen können.

Aufgrund der Intransparenz der Investorenstruktur oder gar völligen Anonymität einiger Kryptowährungen ist daher aber auch Vorsicht geboten, wenn News den Kurs anheizen. So gilt es stets zu hinterfragen, welchen Informationen man während eines ICO und darüber hinaus Glauben schenken darf.

Einzelne Personen, die online eine große Reichweite haben, können mit ihren Aussagen Kurse häufig leicht in die für sie gewünschte Richtung bewegen. Die Nachvollziehbarkeit und Überprüfbarkeit ihrer Aussagen hinsichtlich des Wahrheitsgehaltes ist in der Regel sehr schwierig. Wenn also ein bekannter Youtuber von einer neuen Kryptowährung schwärmt, kann das schon für erhebliche Kurs-Schwankungen sorgen.

8.4 Tipps für die Bewertung eines ICO

Bei ICO gelten die gleichen Bewertungskriterien wie für bestehende Kryptowährungen. Diese wurden im Abschnitt zur „Buy and Hold“-Strategie bereits vorgestellt. Da ICO noch riskanter sind, sollten Sie hier ganz genau prüfen, ob Sie dieses Risiko wirklich eingehen wollen.

8.5 Fazit zu ICO

ICO sind eine sehr riskante, aber interessante Möglichkeit zu investieren. Wenn Ihnen das Risiko bewusst ist und Sie die Kriterien für die Auswahl von Kryptowährungen beherzigen, haben Sie eine gute Chance auf sehr hohe Renditen. Meist ist es aber so, dass Sie die entsprechenden neuen Kryptowährungen, sobald Sie an einer Exchange gelistet werden, auch ohne ICO kaufen können. Viele der ICO-Investoren nehmen dann einen Teil ihrer Gewinne mit und der Kurs fällt zunächst einmal. Sie können also dann immer noch investieren. Von daher sei Einsteigern geraten, zunächst nicht an ICO teilzunehmen, es sei denn, sie bieten besondere Rabatt-Angebote oder Sie finden eine Idee so gut, dass Sie diese unterstützen wollen.

9 Trading-Plan

Der Trading-Plan ist wie der Business-Plan bei einem Unternehmen: Es ist Ihr persönlicher Plan, anhand dessen Sie Ihren Erfolg, Ihre Erwartungen, Ihre Strategie, das Risikomanagement und Ihre persönlichen Ziele definieren. Messen Sie sich nicht an anderen, sondern versuchen Sie, morgen ein Stück besser zu sein, als Sie es gestern waren, und messen Sie sich an dem, was Sie sich selbst vorgenommen haben. Ebenfalls können Sie den Markt nicht beeinflussen, also nehmen Sie in Ihren Trading-Plan nur Inhalte auf, welche Sie auch beeinflussen können. Ihnen wird hier auch kein kompletter Trading-Plan vorgegeben. Letztendlich ist jeder Trader unterschiedlich, hat seine individuellen Stärken, Schwächen und Ziele, aber über die folgenden Punkte können Sie in Ihrem Plan nachdenken.

9.1 Motivation

Halten Sie zunächst direkt am Anfang Ihres Trading-Plans das Warum fest. Warum wollen Sie mit Kryptowährungen handeln? Was versprechen Sie sich davon? Welche Belohnungen werden Sie sich vielleicht auch gönnen? In schweren Zeiten, nach Verlusten oder Zweifeln, lesen Sie Ihr Warum nach. Solange es noch aktuell ist, handeln Sie diszipliniert weiter.

9.2 Persönlichen Ziele

Anders als die Motivation sollten Ziele konkret messbar sein. Sie wollen 10.000 Euro im Monat verdienen. Sie wollen 10 % Rendite im Jahr. Sie wollen sich einen neuen Porsche kaufen. Sie wollen in einem Jahr Ihren Job kündigen. Egal was es ist, es muss konkret und messbar sein. Im Idealfall setzen Sie sich dann noch realistische Ziele. So vermeiden Sie Frust über nicht erreichte Ziele, aber Sie versuchen dennoch immer auch wirklich an Ihre Leistungsgrenze zu gehen, um das bestmögliche Ergebnis zu erzielen. Nur eine Tätigkeit, die Sie zu 100 % mit ganzem Herzen probiert haben, wird Sie auf Dauer erfüllen. Finden Sie hier einen guten Kompromiss aus „groß genug, um lohnenswert zu sein," und dennoch „realistisch".

9.3 Zeitplan

Der Zeitplan umfasst drei Komponenten: wie lange Sie am Tag traden, auf welchem Zeitrahmen Sie handeln und zu welcher Zeit Sie bevorzugt handeln.

Der Handel mit Kryptowährungen bringt viele Freiheiten mit sich, aber auch viele Entscheidungen, die Sie treffen müssen. Je nachdem, wie Sie diese Fragen für sich beantworten, traden Sie eher kurzfristig oder langfristiger, direkt oder indirekt, ICO oder etablierte Kryptowährungen. Definieren Sie in Ihrem Trading-Plan also, auf welchem Zeitrahmen Sie handeln. H1 und größer ist für Einsteiger empfehlenswert.

Definieren Sie außerdem, zu welchen Zeiten Sie handeln wollen und wie lange Sie Trades durchschnittlich halten. Die vorgestellten Strategien können auf mehreren Zeitebenen gehandelt werden. Jedoch führt eine kleinere Zeiteinheit immer auch zu mehr Signalen und mehr Trades. Dafür reduziert sich aufgrund engerer

Stopp-Loss-Limits automatisch das Risiko für einzelne Positionen. Einige Trader kommen mental besser damit klar, andere wiederum haben genug Geduld, auch einfach einmal ein paar Tage abzuwarten, bis ihre Position wieder ins Plus läuft. Dies ist ein Lernprozess, den jeder Trading-Einsteiger durchlaufen muss.

9.4 Ihr Risikokapital

Risikokapital meint in diesem Zusammenhang nicht nur das einmalige Startkapital, sondern, welchen Betrag Sie maximal insgesamt riskieren wollen. Dies kann auch über einen längeren Zeitraum sein und sollte eventuelle Nebenkosten berücksichtigen. Legen Sie für sich persönlich einen Betrag fest, den Sie für das Handeln und Investieren in Kryptowährungen verwenden wollen. Handeln Sie immer nur mit Geld, das Sie auch verlieren können. Ihr Risikokapital sollte immer an die persönlichen Ziele angepasst sein. Also wenn Sie monatlich 6.000 Euro verdienen wollen, bei 1 % Risiko, sollten Sie ein entsprechend gut gefülltes Handelskonto haben.

9.5 Die gehandelten Finanzprodukte

Abhängig von den gewählten Faktoren wie Zeit, Risikokapital und persönlichen Zielen halten Sie fest, welche Märkte, Kryptowährungen und Finanzprodukte Sie handeln werden. Handeln Sie anfangs nicht zu viel auf einmal, da jeder Markt seine eigenen Besonderheiten hat.

9.6 Positionsgröße und Anzahl

Nachdem Sie den Handelsstil und die Kryptowährungen ausgewählt haben, definieren Sie die Positionsgröße. Also beispielsweise die Summe, die Sie pro Kryptowährung investieren oder die Anzahl der CFD-Kontrakte, die Sie indirekt handeln. Im Trading-Plan könnte also stehen: „Ich werde 0,5 Bitcoin-CFD handeln und maximal 2 Positionen gleichzeitig eröffnen, sobald die Position Break Even ist und ich keinen Verlust mehr machen kann, schließe ich eine der beiden Positionen und verschiebe entsprechend den Stop Loss der anderen". Sie müssen dabei auch nicht immer die maximale Anzahl an Kontrakten handeln, die Ihr Konto zulässt. Passen Sie die Positionsgröße Ihren Zielen an und nehmen Sie eine Positionsgröße, mit der Sie sich wohl fühlen.

9.7 Trading-Routinen

Routinen sind hilfreich, um sich in die richtige Stimmung zu versetzen und den Tag und die Arbeit zu strukturieren. Vor einem Trading-Tag sollten Sie die Trades des vorangegangenen Tages ansehen, gegebenenfalls Korrekturen an Ihrer Strategie vornehmen, aktuelle Einstiege und mögliche Ausstiege finden. Vielleicht auch noch kurz den Kalender prüfen, ob wichtige Ereignisse anstehen, welche den Markt besonders beeinflussen. Schaffen Sie sich Routinen und Verhaltensweisen, auch für schwierige Situationen. Beispielsweise wenn Sie drei Verluste in Folge haben, pausieren Sie für den Rest des Tages und lernen neue Themen, welche Ihr Handeln verbessern. Wenn Sie sich nicht an Ihre Strategie gehalten haben, pausieren Sie den Rest des Tages. Sie haben Ihr Quartalsziel erreicht? Gönnen Sie sich eine Belohnung.

Solche Trading-Routinen helfen bei der emotionalen Distanz und vermeiden emotionale Entscheidungen, über die man sich später dann ärgert. Auf jeden Fall sollten Sie auch das Führen Ihres Trading-Tagebuches zur täglichen Routine machen und alle Trading-Routinen in Ihrem Trading-Plan festhalten.

9.8 Strategie definieren

Definieren Sie, welche Strategien Sie handeln wollen. Beginnen Sie am Anfang Ihrer Trading-Karriere mit nur ein oder zwei Märkten und Strategien. Definieren Sie gegebenenfalls mehrere Strategien für unterschiedliche Marktsituationen. Schreiben Sie so detailliert wie möglich auf, wie Ihre Einstiegssignale und Stops zu setzen sind. Halten Sie auch detailliert fest, an welche Kriterien Sie sich bei der Auswahl neuer Kryptowährungen halten. So vermeiden Sie es, einem aktuellen Hype zu verfallen oder auf Pump-and-Dump-Abzocken hereinzufallen.

9.9 Risikomanagement

Einerseits ist es hier wichtig, dass Sie konkret festhalten, welchen prozentualen Anteil Sie von Ihrem eingesetzten Kapital pro Handel riskieren wollen, andererseits sollten Sie auch Ihre Strategie dem Risikomanagement anpassen. Hier gibt es zwei verschiedene Ansätze: Entweder Sie handeln hohe Stückzahlen und benötigen nur kleine Kursbewegungen, oder aber Sie handeln geringe Stückzahlen und benötigen dafür aber größere Kursbewegungen und längerfristige Trends. Hier gibt es kein falsch oder richtig. Einsteiger sollten das Risiko hoher Stückzahlen nicht eingehen, denn wenn die Position in die Gegenrichtung läuft, kann das schnell zu hohen Verlusten führen. Sobald Sie Erfahrungen mit den richtigen Einstiegen gesammelt haben, ist jedoch auch die andere Variante der höheren Stückzahl möglich.

Halten Sie auch fest, wie Sie Ihr Portfolio diversifizieren und wann Sie gegebenenfalls ein Rebalancing durchführen. Alles, was Ihr Risiko reduziert und planbar macht, sollte auf jeden Fall im Trading-Plan enthalten sein.

Erstellen Sie einen Trading-Plan, entwickeln Sie eine Strategie für

Ihr Handeln mit Kryptowährungen und definieren Sie Ihr persönliches Risikomanagement. Ohne Plan, Strategie und Risikomanagement betreiben Sie nur Glücksspiel. Professionelles Handeln und Investieren mit Kryptowährung erfordert, dass Sie wissen, was Sie tun und was Sie tun wollen und dieses dann auch entsprechend in Ihrem Tagebuch dokumentieren.

10

Schluss

Sie haben das Ende des Buches erreicht und stehen doch erst wieder am Anfang eines hoffentlich erfolgreichen Handelns und Investierens mit Kryptowährungen.

Ich hoffe, ich konnte Ihnen die notwendigen Grundlagen und Grundprinzipien zum Handeln und Investieren mit Kryptowährungen vermitteln, und wünsche Ihnen viel Erfolg dabei und dass Sie Ihre persönlichen Ziele erreichen.

Sollten Sie Fragen oder Anregungen haben, freue ich mich auf Ihr Feedback. Nehmen Sie dazu Kontakt mit mir auf über das Kontaktformular der Webseite zum Buch auf https://ccinvestor.de.

Auf der Webseite zum Buch finden Sie auch regelmäßig neue Inhalte wie Webseiten, neue Kryptowährungen und ICOs, Videos, Vorlagen und andere nützliche Ressourcen im Bereich Kryptowährungen.

Printed in Poland
by Amazon Fulfillment
Poland Sp. z o.o., Wrocław

75251895R00090